AF324491

GÉOGRAPHIE
COURS ÉLÉMENTAIRE

LEÇONS DE GÉOGRAPHIE

PAR

JEAN BRUNHES

PROFESSEUR AU COLLÈGE DE FRANCE

COURS ÉLÉMENTAIRE

PUBLIÉ

AVEC LA COLLABORATION PÉDAGOGIQUE

DE

ARMAND NERVET

INSTITUTEUR RURAL

DE

G. MATHIÈRE

PROFESSEUR D'ÉCOLE NORMALE — DIRECTEUR D'ÉCOLE ANNEXE

ET DE

P. DUFRENNE

INSPECTEUR DE L'ENSEIGNEMENT PRIMAIRE

TOURS

MAISON ALFRED MAME ET FILS

AGENCE A PARIS — 6, RUE MADAME (6e)

PRÉFACE

Que de beauté sur notre terre, et tout spécialement en notre France. Mais il faut savoir découvrir ce qui est beau : il faut donc apprendre à voir, à *bien voir*, à OBSERVER.

La géographie est dans l'enseignement élémentaire la discipline qui doit former par excellence les jeunes enfants à ce mode attentif de la vision qu'on appelle *l'observation*. Tout est à admirer, tout est du moins digne de remarque dans ce que la géographie nous invite à regarder : les mouvements pressés de l'eau courante, comme la marche rapide des nuages; le maintien élégant et presque solennel d'une ombellifère, toute droite dans la prairie; l'élancement d'un pin, l'agitation bruissante d'un peuplier secoué par le vent, la nonchalance souple d'une branche de frêne, la tenue rigide d'une simple épine; la discipline et le travail des abeilles d'une ruche, le battement des ailes ou le vol plané d'un oiseau...

Que sera-ce si nous regardions les travaux et les œuvres des êtres humains! Les toits de nos maisons, les murs ou les haies qui séparent les champs, les meules de paille ou de foin, et tous les instruments dont se servent le laboureur et l'artisan, et toutes les plantes que l'on cultive et tous les animaux que l'on élève, combien tout cela est varié de formes et de couleurs! Quelle riche collection de *choses à voir* nous offre ainsi le plus modeste de nos villages. Nous serions bien coupables si nous ne savions *pas* profiter d'un tel spectacle.

Nous regarderons ici..., et nous apprendrons aussi.

Car tout ce qui nous entoure n'est pas l'effet d'un pur hasard ou le jeu d'un simple caprice : chaque chose et chaque être vivant dépendent des conditions naturelles, du sol, du climat, et souvent aussi de la volonté intelligente des hommes qui les utilisent. C'est un bon exemple du jugement que le l'employer à découvrir et à reconnaître les rapports.

Observer d'abord, et réfléchir ensuite : telle est notre méthode d'enseignement géographique.

Or cette observation, le plus souvent qu'il est *possible*, doit être directe.

De l'observation, les images ne sauraient remplacer l'observation des choses. Nous irons jusqu'à dire que, si on le pourrait, toute leçon de géographie devrait être soit préparée, soit complétée par une étude sur le terrain, par une leçon-promenade. C'est ainsi que le maître acquerra la précieuse certitude que l'enfant ne répond jamais sans voir, soit directement et des yeux de son corps, *soit des yeux de son esprit* en imaginant réellement l'objet de son discours.

Cependant, on ne peut, à l'école primaire et au cours élémentaire, ni tout voir ni tout montrer, surtout lorsqu'il s'agit de découvrir la terre entière.

Il faut donc des IMAGES.

Ces images, nous avons voulu qu'elles n'eussent pas seulement l'agrément d'illustrer le livre, mais qu'elles fussent préparées, par les caractéristiques de leur dessin et par l'ampleur de leurs dimensions, pour **ÊTRE ELLES-MÊMES DES SUJETS D'OBSERVATION ET D'ÉTUDE. Elles sont toujours** suivies de questions destinées à faciliter, **pour le maître** et pour l'élève, cette observation, cette étude.

Enfin les CARTES sont dressées, simples, faciles, avenantes, pour que les enfants aiment aussi à les regarder. *Regarder et lire la carte est encore **plus important que** de bien lire et bien savoir le texte.* Telle est notre conviction raisonnée de géographe.

Donc, au travail, mes amis! Ouvrons bien nos **yeux**: aimons notre livre; parcourons-le souvent; amusons-nous à le bien connaître, à comprendre toutes ses images et toutes ses cartes...; par là nous aurons appris à **mieux** aimer et à mieux comprendre tous les curieux spectacles qui sont autour de nous : la géographie de notre rivière, **la** géographie de notre forêt, la géographie de notre **ferme**, la géographie de notre village ou de notre petite **ville**...

Car la France et la terre entière, qu'est-ce donc? **beau**coup de plaines et de montagnes, beaucoup de cours d'eau et de vallées, beaucoup de champs et **beaucoup de mai**sons... des campagnes et des villes, avec **beaucoup** d'hommes, de femmes et d'enfants...

Partons ensemble, voulez-vous? à la découverte de tout ce monde de nous inconnu, à la découverte de **notre** France et de notre terre!

Jean **BRUNHES**.

LEÇONS DE GÉOGRAPHIE

COURS ÉLÉMENTAIRE

Ce **Cours élémentaire de géographie** est exactement *conforme aux tout derniers programmes*.

La nomenclature y est réduite au minimum, et l'on s'est efforcé de dégager *le caractère essentiel de chaque contrée*, aussi bien par la gravure que par le texte.

L'on a résolument accordé toute son importance, en y consacrant presque la moitié de l'ouvrage, à **l'initiation géographique** sous ces deux formes :

1o L'observation méthodique et précise des phénomènes ; 2o la préparation à la lecture des cartes.

Nous attirons spécialement l'attention des maîtres sur les **dessins** et les **cartes** de ce livre, qui ont été rigoureusement établis pour accompagner le texte. On remarquera la nouveauté des dessins, dus à R. Broders. Chaque paysage est *l'expression générale d'un fait géographique*, mais *il représente en même temps un site particulier* que nous avons indiqué avec soin. De plus, ces figures sont tracées à l'aide de traits vigoureux et simplifiés, qui permettront aisément aux élèves les plus appliqués de *s'exercer à les reproduire*, comme ils aimeront à reproduire les cartes claires et également simplifiées du cartographe A. Demersseman.

1re LEÇON. — La Géographie.

Amis, jeunes amis, vous connaissez votre commune et ses environs; on vous a peut-être conduits jusqu'à une grande ville; peut-être même êtes-vous allés, en colonie de vacances, dans un pays de montagnes nouveau pour vous ou sur les bords de la mer. Vous avez vu des cours d'eau, des hauteurs, des terrains plats. Vous avez rencontré des hommes et des femmes ayant des occupations très variées : les uns cultivaient le sol, les autres travaillaient les produits de ce sol, d'autres enfin les transportaient.

... La mer vous a, j'en suis bien sûr, émerveillés...

Il est d'autres pays très différents du nôtre. Certains sont très secs et arides, avec peu de plantes et peu d'animaux; les hommes ne peuvent presque pas y vivre. Ailleurs, au contraire, la vie animale et la vie végétale sont extraordinaires. Les plantes ont des formes bizarres, des fleurs étranges aux couleurs brillantes, aux parfums pénétrants. Les animaux sauvages y sont nombreux et quelques-uns sont énormes; on y voit aussi des singes, des serpents et toutes sortes de reptiles, une multitude d'insectes. Des oiseaux aux plumages multicolores et éclatants peuplent les forêts impénétrables. Les hommes eux-mêmes, dont la peau diffère par sa couleur de la nôtre, ne se nourrissent, ne s'habillent, ne se logent pas comme nous.

Eh bien! mes amis, pour connaître la terre et ses aspects différents, les accidents de son sol, les hommes qui y vivent, les occupations auxquelles ils se livrent, les animaux et les plantes qu'on y rencontre, étudions ensemble la *géographie*, c'est-à-dire la terre et les hommes.

RÉSUMÉ

La géographie nous fait connaître les diverses parties de la terre, les plantes et les animaux qui y vivent, les hommes qui y habitent.

Fig. 1. — Le soleil. (*Région de la Planèze, Cantal.*)

Fig. 2. — La lune. (*Vue de Clermont, Oise.*)

Exercices d'observation. — 1. Quelle différence voyez-vous entre la figure de gauche et celle de droite ? — 2. Pouvons-nous regarder le soleil bien en face ? — 3. Pourquoi ? — Quand pouvons-nous le regarder ? — 4. Que voit-on dans le ciel sur la gravure de droite ? — 5. La lune a-t-elle toujours la même forme ? — Sous quelles formes la voit-on ? — 6. A-t-elle toujours la même couleur ? — 7. Peut-on la regarder facilement ? — 8. Quelles différences y a-t-il entre la clarté du soleil et celle de la lune ? — 9. Que voit-on aussi la nuit dans le ciel ?

2ᵉ LEÇON. — Le soleil, la lune.

Le *soleil* va se coucher. Regardons-le avant qu'il ne disparaisse à l'*horizon*. Il nous apparaît comme une boule rouge, une *boule de feu*. Cette boule est *énorme :* elle nous semble petite, parce qu'elle est *très éloignée de la terre.*

Puis, la nuit venue, une autre boule se montre dans le ciel ; elle est plus petite que le soleil ; on l'appelle la *lune*. Enfin le ciel se parsème d'*étoiles*, innombrables soleils encore plus éloignés de nous que notre soleil.

La lumière du soleil est brillante, éblouissante ; celle de la lune est pâle, terne. Car la lune n'est pas brillante par elle-même. C'est le soleil qui lui envoie sa lumière, comme il l'envoie à la terre que nous habitons.

Le soleil *éclaire* et *chauffe* la surface de la terre pendant le jour. La lune et les étoiles l'*éclairent* quelque peu, plus ou moins, pendant la nuit.

Questions et devoirs. — 1. Qu'est-ce que le soleil ? — 2. Pourquoi nous semble-t-il si petit ? — 3. Qu'est-ce que la lune ? — 4. Que sont les étoiles ? — 5. Qu'est-ce qui éclaire la surface de la terre et celle de la lune ?

RÉSUMÉ

Le soleil est une grosse boule de feu qui éclaire et chauffe la surface de la terre. Pendant la nuit, le ciel est souvent éclairé par la lune, qui reçoit sa lumière du soleil, et par les étoiles qui sont d'autres soleils.

3ᵉ LEÇON. — La terre.

La *terre* que nous habitons est aussi une *boule*, plus *grosse* que la lune, mais *beaucoup plus petite* que le soleil et les étoiles. On la représente par une boule qu'on appelle *globe terrestre*. Au milieu est l'*équateur*, où il fait très chaud durant toute l'année ; aux deux *pôles*, il fait beaucoup plus froid toute l'année que chez nous en hiver.

Fig. 3. — Globe terrestre.

Comme la lune et le soleil, la terre flotte dans l'*espace*, semblable aux bulles de savon que vous pouvez faire flotter dans l'air. La terre, il y a des milliers de siècles, a été une boule de feu, et aujourd'hui l'intérieur de la terre est encore *en fusion*.

Avez-vous remarqué une pomme cuite se refroidissant ? Des *rides* se forment à sa surface. La terre s'est ainsi ridée en se refroidissant : elle a des *hauteurs* et des *creux*.

Questions et devoirs. — 1. Quelle est la forme de la terre ? — 2. Comment la représente-t-on ? — 3. Que se passe-t-il sur une pomme cuite qui se refroidit ? — 4. La terre a-t-elle des rides ? — Pourquoi ?

RÉSUMÉ

La terre est ronde comme une boule légèrement aplatie en ses deux points opposés, qu'on nomme pôles. L'équateur est une ligne imaginaire qui fait le tour de la terre à égale distance des pôles. La terre s'est ridée en se refroidissant.

Fig. 4. — Les quatre saisons de l'année.

Exercices d'observation. — 1. Que font les enfants sur le premier dessin ? — 2. Que voyez-vous sur le deuxième dessin ? — 3. Sur le troisième ? — 4. A quoi s'amusent les enfants sur le quatrième dessin ? — 5. Dans quelle saison les feuilles commencent-elles à pousser ? — 6. Dans quelle saison y a-t-il beaucoup de feuilles aux arbres ? — 7. Dans quelle saison les feuilles tombent-elles ?

4e LEÇON. — Le jour et la nuit.

Il ne fait pas encore jour, mais déjà ce n'est plus la nuit. Une faible clarté blanche apparaît. On dit que c'est le petit jour, l'*aube*. Puis le soleil étincelant monte à l'horizon; c'est l'*aurore*, puis le *jour*. Pendant le jour chacun travaille, les enfants sont à l'école. Au mois où nous sommes, vers 5 heures, quand vous rentrez à la maison, le jour baisse : c'est le *crépuscule*, la *brune;* plus tard on ne distingue plus les objets, et c'est la *nuit.* — Pourquoi? parce que la terre *tourne sur elle-même* comme une toupie. Quand le côté que nous habitons regarde le soleil, il est éclairé : c'est le *jour;* et pour l'autre côté, qui est obscur, c'est la *nuit.* Le *mouvement de rotation* de la terre sur elle-même dure *vingt-quatre heures.* Ainsi se succèdent le jour et la nuit.

Questions et devoirs. — 1. Comment s'appelle le commencement du jour? — la fin du jour? — 2. Pourquoi fait-il jour en ce moment? — 3. Pourquoi fera-t-il nuit dans quelques heures? — 4. Pourquoi le jour succède-t-il à la nuit? — 5. Comment la terre tourne-t-elle et en combien d'heures accomplit-elle ce mouvement?

RÉSUMÉ

La terre tourne sur elle-même en une journée de vingt-quatre heures. Il fait jour sur la partie de la terre éclairée par le soleil, et il fait nuit sur l'autre partie.

5e LEÇON. — Les saisons.

Il y a deux mois, quand nous avons quitté l'école pour entrer en vacances, les jours étaient longs; il faisait très chaud, le blé mûrissait pour la moisson, nous étions en *été.* Maintenant les feuilles jaunissent et tombent; les matinées et les soirées sont plus froides et souvent brumeuses : nous sommes en *automne.* Bientôt il n'y aura plus de feuilles aux arbres, les jours seront très courts; il gèlera, il tombera de la neige : nous serons en *hiver.* Puis le soleil sera plus chaud, l'air deviendra doux, les arbres, qui semblaient morts, se recouvriront de feuilles, des fleurs parsèmeront les prairies et orneront les jardins : ce sera le *printemps.* Chaque *saison* dure trois mois. La succession des saisons est due au mouvement que la terre accomplit autour du soleil en une année (365 jours et 6 heures). Le soleil, *suivant la position de la terre,* éclaire et chauffe plus ou moins sa surface et produit ainsi les saisons.

Questions et devoirs. — 1. Que remarquions-nous en été ? — 2. Que ressent-on et que voit-on en automne? — en hiver? — 3. Que se passe-t-il au printemps? — 4. Quelles sont les quatre saisons de l'année? — 5. Quel temps met la terre pour accomplir son parcours autour du soleil? — Qu'est-ce qui détermine les saisons?

RÉSUMÉ

La terre tourne autour du soleil en une année de 365 jours 6 heures. Les quatre saisons de l'année sont : le printemps, l'été, l'automne et l'hiver.

Fig. 5 et 6. — Orientation pendant le jour et pendant la nuit.

Exercices d'observation. — 1. Où voyez-vous le soleil dès le matin? — 2. A midi? — 3. Le soir, au moment où il disparaît à l'horizon? — 4. Trouvez le moyen de connaître la direction de l'ouest en tournant le dos au sud. — 5. Où voyez-vous l'étoile polaire? — 6. Quelle direction indique l'étoile polaire? — 7. Quels sont les villages qui touchent au territoire de votre commune au nord, au sud, à l'est, à l'ouest?

6ᵉ LEÇON. — Les points cardinaux.

Il est six heures du matin. Le soleil s'est levé. L'enfant le regarde. Il sait que tous les jours le soleil se lève du même côté : c'est le *levant*, ou *est*, ou *orient*. Le soleil se couche du côté opposé : c'est le *couchant*, ou *ouest*, ou *occident*. Suivons le soleil d'heure en heure. Suivons-le dans sa course de chaque jour.

Il est maintenant midi. Je plante un bâton bien droit au milieu du jardin. Le bâton projette une courte ligne d'ombre. Je raye le sol en suivant cette ligne. Je vois que peu à peu la ligne d'ombre se déplace. Elle tourne vers l'est en même temps que le soleil se dirige vers l'ouest. Par la direction de l'ombre on peut donc savoir à peu près quelle heure il est.

Le lendemain, à midi, l'ombre du bâton se retrouve sur la ligne tracée la veille. Dans nos pays d'Europe, cette ombre courte de midi est dirigée du midi (ou sud) vers le nord.

Traçons une autre ligne qui coupe en croix cette première ligne : en nous plaçant face au nord, elle ira de l'est à notre droite vers l'ouest à notre gauche.

Questions et devoirs. — 1. Comment peut-on s'orienter à midi avec un bâton? — 2. Que marquent les deux bouts de la ligne d'ombre? — 3. Où est situé le soleil à midi? — 4. Où le soleil se lève-t-il? — Où se couche-t-il? — 5. Sur la fig. 5, le soleil est-il le soleil levant ou le soleil couchant? Pourquoi? — 6. Si vous avez l'est à votre droite, qu'avez-vous à votre gauche? devant? derrière vous?

RÉSUMÉ

Les quatre points cardinaux sont :

	Noms les plus employés :
Le Levant, appelé aussi Est ou Orient :	Est.
Le Couchant, appelé aussi Ouest ou Occident :	Ouest
Le Nord ou Septentrion :	Nord.
Le Sud ou Midi :	Sud.

7ᵉ LEÇON. — L'orientation.

Le soleil se lève donc à l'*est* ; à midi il se trouve au-dessus de nos têtes, mais, pour nous, en France, si nous le regardons bien, un peu vers le *sud* ; le soir il se couche à l'*ouest*. Sachant cela, nous trouverons toujours facilement la direction des *quatre points cardinaux*.

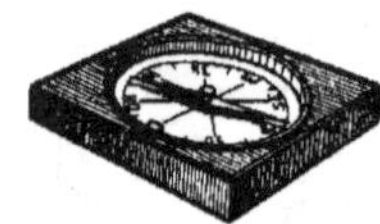

Fig. 7. — Une boussole.

Si Paul a l'*est* à sa droite et l'*ouest* à sa gauche, le *nord* sera devant lui et le *sud* derrière lui. Quand Paul a ainsi trouvé la place de l'*est* ou *orient*, de l'*ouest*, du *nord* et du *sud*, on dit qu'il s'est *orienté*.

Pour s'orienter la nuit, on recherche et on regarde l'*étoile polaire* : car cette étoile indique le *nord*.

Le jour, comme la nuit, on peut encore s'orienter au moyen de la *boussole*, dont l'aiguille aimantée indique toujours la direction du *nord*.

Questions et devoirs. — 1. Qu'est-ce que s'orienter? — 2. Peut-on s'orienter sur le soleil et comment? — 3. Comment peut-on s'orienter par une nuit claire? — 4. A quel usage emploie-t-on la boussole?

RÉSUMÉ

Dans le jour on peut s'orienter d'après la position du soleil. Quand on regarde le soleil au moment où il se lève, on a le levant devant soi, le couchant derrière soi, le midi à droite et le nord à gauche (fig. 5).

On peut encore s'orienter, la nuit, au moyen de l'étoile polaire; le jour et la nuit au moyen de la boussole.

Fig. 8. — Plaine, coteau, plateau. *Vallée de la Meuse à Laval-Dieu.*

Exercices d'observation. — 1. Que fait l'enfant placé à gauche sur la figure ? — 2. Où arrivera-t-il ? — 3. Qu'apercevra-t-il à droite bornant l'horizon ? — 4. Qu'est-ce qui se déroule entre la hauteur gravie par l'enfant et les hauteurs de droite ? — 5. Que remarque-t-on dans la plaine ? — 6. La pente ou côte est-elle cultivée comme la plaine ? — 7? Et le plateau ? — 8. Que remarque-t-on sur la rivière ? — sur la route ?

8ᵉ LEÇON. — La plaine, le coteau, le plateau.

Allons nous promener dans la campagne. Voici une vaste étendue de terrain plat, avec des champs où l'on cultive le blé, le lin, la betterave ; des jardins, où l'on trouve tous les légumes ; des prairies, où paissent des bestiaux. Ce terrain uni et plat est une *plaine*. Un vaste cercle semble se former autour de nous à la limite du ciel et de la terre : c'est l'*horizon*.

Les hauteurs se dressent à droite et à gauche. Gravissons à gauche le chemin qui monte doucement. Regardons. De chaque côté et vers le bas apparaissent des vignes enroulées autour de leurs échalas ou des bouquets d'arbres fruitiers au milieu de verts pâturages, alternant avec des rubans de culture rayant la côte comme des lanières. C'est un *coteau*, un petit *versant*. En haut de la côte le terrain est presque plat et uni comme en plaine : c'est un *plateau*.

Questions et devoirs. — 1. Que voit-on dans la plaine ? — 2. Qu'est-ce qu'une plaine ? — 3. Qu'appelle-t-on horizon ? — 4. Que cultive-t-on sur le coteau ? — 5. La culture est-elle aussi facile qu'en plaine ? — 6. Qu'est-ce qu'un plateau ?

RÉSUMÉ

Une plaine est une étendue de terrain presque plat. Un plateau est une plaine élevée. Les pentes des versants forment des côtes, ou coteaux.

9ᵉ LEÇON. — La colline, la montagne, la vallée.

Tout à fait au loin sur la figure 8, il y a une hauteur que le chemin de fer doit traverser par un tunnel. La montée en est rude. Quand nous serons au *sommet*, notre vue s'étendra de tous les côtés autour de nous. Nous serons sur une *colline*. Lorsque plusieurs buttes semblables se suivent, c'est une *chaîne de collines*.

Des hauteurs plus élevées que les collines (comme celles de la fig. 9) sont des *montagnes*. Plusieurs montagnes qui se suivent forment une *chaîne de montagnes*. Une chaîne de montagnes n'est pas infranchissable : par les endroits les moins élevés, appelés *cols* ou *défilés*, on passe d'un *versant* de la montagne à l'autre versant.

Les terres basses situées entre deux rangées ou chaînes de montagnes ou de collines forment une *vallée* qui est le plus souvent arrosée par un cours d'eau.

Questions et devoirs. — 1. Comment s'appelle une petite hauteur ? — 2. Comment s'appelle une hauteur très élevée. — plusieurs hauteurs qui se suivent ? — 3. Qu'est-ce qu'un col ? — 4. Qu'est-ce qu'une vallée ?

RÉSUMÉ

Une colline est une petite hauteur. Une montagne est une masse très élevée de terres et de roches. Plusieurs montagnes qui se suivent forment une chaîne de montagnes. Un col ou défilé est un étroit passage entre deux montagnes. Une vallée est un terrain allongé entre des montagnes des collines et où coule un cours d'eau.

Fig. 9. — La vallée, les montagnes.

Exercices d'observation. — 1. Comment s'appellent les hautes terres représentées sur ce dessin? — 2. Comment appelle-t-on l'espace compris entre les montagnes? — 3. Où sont situées les habitations? — 4. Pourquoi? — 5. Qu'y a-t-il au pied des montagnes? — 6. Plus haut? — 7. Plus haut encore, au sommet? — 8. Pourquoi ne peut-on pas cultiver le sol des montagnes? — 9. Peut-on voyager facilement dans les montagnes? — 10. Comment vous apparaissent les routes?

10ᵉ LEÇON. — La vie en plaine et dans la montagne.

La *plaine* attire les hommes : son sol fertile est plus facile à travailler; les moyens de communiquer avec les autres hommes plus aisés à établir; la vie y est généralement plus douce qu'ailleurs.

Au pied de la *montagne*, il ne fait pas froid. Mais sur les pentes, la chaleur est moins grande. Aussi, au fur et à mesure qu'on monte, les *champs cultivés* font place à des *forêts* et à des *pâturages;* les habitations deviennent plus rares. Au sommet, il n'y a plus ni arbres ni plantes. La neige couvre tout, même en été. On rencontre alors, dans les creux, des amas de glace qu'on nomme des *glaciers.*

Il arrive parfois que la neige amassée sur les flancs élevés de la montagne glisse, se détache et roule jusqu'en bas, arrachant et détruisant tout sur son passage : c'est l'*avalanche.*

Questions et devoirs. — 1. Pourquoi les hommes vivent-ils de préférence dans les plaines? — 2. Qu'est-ce qui recouvre le flanc des montagnes? — 3. Que trouve-t-on au sommet des hautes montagnes? — 4. Qu'est-ce qu'un glacier? — une avalanche? — 5. Quelles peuvent être les occupations du montagnard?

RÉSUMÉ

La partie la plus élevée d'une montagne est le sommet ou la cime ; la partie la plus basse, le pied ou la base ; la partie inclinée qui va du sommet à la base est la pente ou versant. Les hautes montagnes sont couvertes de neiges éternelles et de glaciers. La plaine attire les hommes, la montagne les éloigne, car la vie y est rude.

11ᵉ LEÇON. — Les volcans.

Au sommet ou sur les flancs de certaines montagnes, on découvre un trou béant, appelé *cratère.* Par cette ouverture, ces montagnes lancent en l'air de la fumée, de la vapeur d'eau, des cendres, ou laissent couler le long de leurs pentes des matières brûlantes, flamboyantes et visqueuses, appelées *laves.* Ces montagnes sont des *volcans.*

Il y avait autrefois des volcans dans notre France.

Fig. 10. — Un volcan.
(Le Vésuve, avec les colonnes de la ville de Pompéi qui a été ensevelie par lui, il y a 2000 ans, et qui est aujourd'hui déblayée.)

Mais ils ne vomissent plus rien, leurs cratères sont couverts d'herbe : on dit qu'ils sont *éteints.* Non loin de la France, le Vésuve et l'Etna sont des volcans encore actifs.

Questions et devoirs. — 1. Qu'y a-t-il au sommet ou près du sommet d'un volcan? — 2. Que lance le volcan par ce trou? — 3. Comment appelle-t-on les volcans de notre pays? — Pourquoi? — 4. Dans quel pays y a-t-il des volcans actifs?

RÉSUMÉ

Un volcan est une montagne qui vomit de la fumée, des cendres et une sorte de roche en fusion nommée lave.

Fig. 11. — Le vent et l'averse. *(Dans une île du Morbihan, en Bretagne.)*

Exercices d'observation. — 1. Le soleil va se coucher, d'où souffle le vent ? — 2. Que vous indique la direction du vent ? — 3. Qu'amène le vent d'ouest ? — 4. Pourquoi ? — 5. L'averse va-t-elle bientôt se calmer ? — 6. Quelle est la couleur du ciel pendant la pluie ? — 7. Que remarquez-vous de chaque côté du chemin ? — 8. Où ira l'eau ainsi tombée ?

12ᵉ LEÇON. — Le vent, les nuages.

Le ciel se couvre de *nuages* noirs, le *vent* souffle : il va pleuvoir, dites-vous. Sortons dans la cour.

Allons, Guy, cherchez de quel côté souffle le vent. Il souffle du côté du grand arbre qui se penche vers nous. Nous savons que dans la direction du grand arbre, c'est l'ouest. Le *vent* qui souffle de l'*ouest* amène pour nous la *pluie*.

Du côté de l'ouest et du côté du sud, la France est bordée de *mers* et d'*océans*, d'où nous viennent les grandes *tempêtes*.

Comment se forment les nuages ? Avez-vous déjà vu votre maman étendre au dehors du linge mouillé ? Au bout de quelques heures, le linge est sec. Qu'est devenue l'eau ? Elle s'est changée en *vapeur*, en *buée* : on dit qu'elle s'est *évaporée*. De même une partie de l'eau de la mer, et de l'eau que vous apercevez sur les terres en mille endroits, s'évapore et forme les *nuages*. Quand les nuages se refroidissent, l'eau tombe sous forme de pluie. Après une violente pluie, par une journée très chaude, on dirait que la terre fume. C'est l'eau tombée qui se transforme de nouveau en vapeur pour former de nouveau des nuages.

Questions et devoirs. — 1. Que nous amène ce vent qui souffle de l'ouest ? — 2. Pourquoi ? — 3. Que fait votre maman pour faire sécher le linge mouillé ? — 4. Où va l'eau ? — 5. Quelle est l'action du soleil sur l'eau de la mer ?

RÉSUMÉ

Le soleil fait évaporer les eaux de la mer et de la terre sous forme de nuages. Les nuages donnent la pluie. Dans la plus grande partie de la France, le vent qui donne le plus souvent la pluie est celui qui souffle de l'ouest.

13ᵉ LEÇON. — La pluie, la grêle, la neige.

Il arrive souvent qu'en été, après une période de temps où il n'a pas plu, les plantes baissent la tête, s'affaissent, se dessèchent... Dès qu'il pleut ou qu'on les arrose, elles se redressent, retrouvent leur couleur et croissent avec une vigueur nouvelle : *la pluie leur est donc utile.*

Mais quand le vent souffle avec violence, que l'*éclair* raye le ciel et les nuages, que le *tonnerre* gronde, qu'en un mot l'*orage* se déchaîne, alors la pluie est souvent mêlée de *grêle*, et les récoltes sont coupées, hachées, perdues.

Les eaux de pluie coulent en *ruisseaux* le long des côtés de la route en suivant la *pente* du terrain et en entraînant de la terre, du sable, des cailloux ; ou bien elles séjournent en *flaques* sur les terrains sans pente.

En hiver, les gouttes de pluie se congèlent sous l'action du froid ; elles tombent transformées en flocons de *neige*. La neige peut s'accumuler sur le sol : elle s'accumule surtout sur les hautes montagnes, car il y fait plus froid que dans la plaine.

Questions et devoirs. — 1. Où va l'eau de pluie qui tombe autour de nous ? — 2. Que forme-t-elle ? — 3. Qu'arrive-t-il quand plusieurs semaines passent sans qu'il pleuve ? — 4. Que fait-on dans les jardins en temps de sécheresse ? — 5. Sous quelle forme l'eau tombe-t-elle souvent pendant l'orage ? — 6. Qu'est-ce que la neige ? — 7. Où la neige s'accumule-t-elle ?

RÉSUMÉ

La pluie est utile aux plantes et par conséquent aux animaux et aux hommes.

L'eau tombe quelquefois pendant les orages sous forme de grêle, en hiver sous forme de neige. La neige s'amasse sur les hautes montagnes.

Fig. 12 et 13. — Sources.

(Source du Lison dans le Jura, et petits ruisseaux qui apparaissent au point où se termine un glacier des Alpes.)

Exercices d'observation. — 1. Sur le dessin de gauche, d'où sort l'eau qui coule ? — 2. Comment appelle-t-on cet endroit ? — 3. Comment est l'eau de source ? — 4. Que représente la 2ᵉ gravure ? — 5. D'où vient l'eau qui s'est amassée au bas du glacier ? — 6. Que voyez-vous au milieu et de chaque côté du glacier ? — 7. D'où viennent ces pierres ?

14ᵉ LEÇON. — La source, le ruisseau, la rivière.

Quand la pluie a cessé de tomber, les *ruisseaux* qu'elle avait formés de chaque côté du chemin ne coulent plus. Certains ruisseaux coulent pourtant toujours. Une partie de l'eau de pluie a, en effet, pénétré dans le sol, s'y est enfoncée, a voyagé sous terre ; puis, plus bas, dans la plaine, entre des rochers, au milieu d'un bouquet d'arbres, ou sur les pentes d'une colline ou d'une montagne, l'eau est sortie de terre, claire, fraîche, murmurante : c'est une *source*.

Les *neiges* qui sont sur les montagnes et les *glaces* qui se sont accumulées dans les creux pour former des glaciers fondent : les eaux s'égouttent et coulent en *torrents* ou en *cours d'eau* sur des pentes rapides, entraînant terres, graviers et pierres.

Fig. 14. — Une rivière. — Une chute d'eau. — Un moulin.

L'eau sortie de terre a continué de couler d'un terrain plus élevé vers un terrain plus bas, ainsi que glisse la pluie sur le toit d'une maison.

Le ruisseau, bordé de joncs et de roseaux, que vous auriez pu sauter sans peine, a rencontré d'autres petits ruisseaux appelés *affluents*, qui lui ont apporté leurs eaux. L'endroit où les deux cours d'eau se sont rejoints est un *confluent*.

Le ruisseau est alors devenu plus large et plus profond. Il fait tourner les moulins. Un pont a été construit pour le traverser ; des barques le sillonnent ; des pêcheurs s'installent sur ses rives essayant de capturer les poissons qui vivent dans ses eaux, carpes, truites, saumons, etc. : c'est une *rivière* (fig. 14).

Questions et devoirs. — 1. Toute l'eau de pluie coule-t-elle sur la terre ? — 2. Que devient celle qui disparaît ? — 3. Qu'est-ce qu'une source ? — 4. A quoi donnent naissance la neige et la glace des montagnes en fondant ? — 5. Qu'est-ce qu'un affluent ? — 6. Qu'est-ce qu'un confluent ? — 7. Comment l'eau fait-elle tourner les moulins ? — 8. Quels poissons vivent dans les rivières ?

RÉSUMÉ

La source est l'endroit où un cours d'eau commence à couler. Un ruisseau est un petit cours d'eau. La réunion de plusieurs ruisseaux forme une rivière. — Un affluent est un cours d'eau qui se jette dans un autre. Un confluent est l'endroit où deux cours d'eau se réunissent.

Fig. 15. — Un fleuve. (*La Garonne à Bordeaux.*)

Exercices d'observation. — 1. Que représente cette figure? — 2. Le fleuve est-il large? Qu'est-ce qui vous le prouve? — 3. Que voyez-vous naviguer sur le fleuve? — 4. Les bateaux qui flottent uniquement sur les rivières ressemblent-ils à ceux que vous voyez vers la gauche sur la figure? — 5. Pourquoi?

15e LEÇON. — Le fleuve.

La rivière continue à couler en suivant les pentes et se dirige vers les régions les plus basses. Elle parvient enfin à ces grandes et profondes cuvettes que remplissent les mers ou les océans. Une large rivière qui se termine à la mer est un *fleuve*. Le sillon creusé par la rivière ou le fleuve est le *lit de la rivière* ou du *fleuve*.

Jetez un bâton dans la rivière, il suit le courant de l'eau; on dit qu'il *descend la rivière;* une barque qui va en sens contraire, qui revient vers la source, *remonte la rivière*. En descendant la rivière ou le fleuve, on a, sur sa droite, la *rive droite* de la rivière ou du fleuve, et, à sa gauche, la *rive gauche*.

Le fleuve arrose de grandes villes et de nombreux villages. Il porte de lourds bateaux chargés de marchandises.

Fig. 16. — L'inondation. *L'Yonne à Sens.*

2 — Géographie-Atlas, c. élém., n° 2562

Il arrive parfois qu'après une longue période de pluie, ou lorsque les neiges fondent brusquement, les eaux ruissellent rapidement le long des pentes, s'amassent au fond des vallées, enflent les rivières et les fleuves. L'eau sort alors du lit de la rivière ou du fleuve, se répand en nappes menaçantes sur les routes, les prés, les champs. Puis, continuant à monter, elle gronde, bouillonnante, faisant écrouler les maisons, ravageant villes et campagnes : c'est *l'inondation.*

Le point où le fleuve se jette dans la mer est *l'embouchure.* Une très large embouchure est un *estuaire.* Parfois au contraire le fleuve, dont la vitesse est ralentie par le voisinage de la mer, dépose à son embouchure beaucoup de graviers et de boues, se divisant en branches ou *bouches (bouches du Rhône)* et formant un *delta.*

Questions et devoirs. — 1. Qu'est-ce qu'un fleuve? — 2. Pourquoi les villages s'établissent-ils souvent au bord des cours d'eau? — 3. Connaissez-vous une rivière? — un fleuve? — Nommez-la ou nommez-le. — 4. Qu'est-ce que l'embouchure d'un fleuve? — 5. Pourquoi l'eau des rivières, et des fleuves, s'enfle-t-elle parfois? — 6. Pourquoi la navigation sur les rivières est-elle alors arrêtée? — 7. Quand y a-t-il inondation?

RÉSUMÉ

Un fleuve est un cours d'eau qui va se jeter dans la mer. L'embouchure d'un fleuve est l'endroit où ce fleuve se jette dans la mer. Une large embouchure est un estuaire.

Fig. 17. — Une plage (*en Bretagne*).

Exercices d'observation. — 1. Que représente ce dessin ? — 2. Que font toutes ces personnes rassemblées près de l'eau ? — 3. Que font les enfants ? — 4. Comment appelle-t-on cette côte basse ? — 5. Que voyez-vous sur la gravure, barrant la mer ? — 6. Comment appelle-t-on la tour qui se dresse à l'extrémité de la digue ? — 7. A quoi sert le phare ? — 8. Que fait-on sur les bateaux à voile qui se trouvent au loin sur la mer ?

16ᵉ LEÇON. — La mare, l'étang, le lac.

Quand la pluie tombe, elle remplit les creux de la route, les ornières des chemins et s'y étale en flaques d'eau. Dans les communes où il ne passe pas de rivière, on recueille en des endroits creux l'eau de pluie qui coule le long des chemins. Ce sont les *mares,* qui servent d'abreuvoirs aux bestiaux.

Une étendue d'eau plus grande, où croissent parfois des nénuphars blancs aux larges feuilles, s'appelle *étang.* Un très vaste étang est un *lac.*

Fig. 18. — Une mare   Fig. 19. — Un lac.
(d'un village de Normandie).   (Lac d'Annecy.)

Les lacs sont surtout nombreux dans les pays qui ont été longtemps occupés par les glaciers.

L'eau des rivières et des fleuves est de l'*eau courante.* L'eau des mares, des étangs, des lacs est de l'*eau dormante* ou *stagnante.*

Questions et devoirs. — 1. A quoi servent les mares dans les villages ? — 2. Qu'est-ce qu'un lac ? — 3. Où trouve-t-on surtout des lacs ? — 4. Qu'est-ce que l'eau dormante ?

RÉSUMÉ

Un lac est une grande étendue d'eau stagnante entourée de terres. Un petit lac s'appelle un étang.

17ᵉ LEÇON. — La mer.

Supposez un grand lac, un lac immense, si étendu, que vous ne puissiez plus apercevoir, du bord où vous êtes, l'autre bord ; supposez que, pour traverser cette étendue d'eau en bateau, il faille plusieurs jours, et vous vous imaginerez ce qu'est la *mer* ou l'*océan,* dont l'eau bleue ou verte est toujours salée. Le bord de la mer s'appelle la *côte* ou *le rivage.*

Le *fond* de la mer n'est pas *plat.* Il y a là, comme sur terre, d'immenses plaines, des vallées, des rochers, des chaînes de montagnes.

La mer renferme toutes sortes de *poissons :* sardines, harengs, maquereaux, raies, morues, etc., que des hommes appelés *pêcheurs* vont *pêcher* pour leur nourriture et pour la nôtre.

L'eau de la mer, amenée par de petites rigoles, nommées canaux, dans des bassins peu profonds appelés *marais salants,* s'évapore sous l'action du vent et du soleil et laisse déposer au fond des bassins le sel qu'elle contient. (Voir plus loin fig. 48, p. 25).

Questions et devoirs. — 1. Qu'est-ce que la mer ? — 2. Quelle est sa couleur ? — Quel est son goût ? — 3. Est-elle bonne à boire ? — 4. Citez des poissons qu'on pêche dans la mer ? — 5. Comment retire-t-on le sel de la mer ?

RÉSUMÉ

La mer est une grande étendue d'eau salée. La partie de terre qui borde la mer s'appelle côte ou rivage. Les mers les plus vastes s'appellent des océans.

Fig. 20. — Marée basse.

Fig. 21. — Marée haute.

 Exercices d'observation. — 1. Que voyez-vous sur la 1re gravure? — 2. Que font les enfants? — 3. les grandes personnes? — 4. Examinez la 2me gravure. — Qu'est-il arrivé? — 5. Comment appelle-t-on ce mouvement de va-et-vient de la mer? — 6. Comment appelle-t-on ces rides qu'on voit sur la mer?

18e LEÇON. — La marée, la tempête, le port.

Deux fois par jour, et tous les jours, les eaux de l'Océan s'éloignent; puis, au bout d'un certain temps, elles se rapprochent de la côte. Quand la mer vient à la côte, on dit que c'est la *marée montante*, la *marée haute, le flux*. Quand elle se retire, c'est la *marée descendante*, la *marée basse, le reflux*.

Lorsque le vent souffle sur la mer, l'eau se ride. Les rides de la mer se nomment des *vagues*. En mer, quand le vent est violent, les vagues sont énormes; elles se dressent aussi hautes que des maisons, soulèvent les navires et viennent l'une après l'autre se briser en grondant sur le rivage. Pendant la *tempête*, les bateaux risquent de faire naufrage. Ceux qui sont dans les *ports* sont abrités.

Les *ports* servent à embarquer ou à débarquer les voyageurs et les marchandises. Des *jetées*, ou *digues*, arrêtent les vagues. Un *phare*, des *feux*, des *bouées lumineuses* en éclairent l'entrée pendant la nuit. De vastes et profonds *bassins*, entourés de *quais*, y reçoivent les navires. Sur ces quais l'activité est en général très grande. Ce ne sont que grues tournoyant avec un bruit incessant de chaînes, camions chargés de marchandises, locomotives traînant lentement des files de wagons, au milieu des amas de sacs, de caisses, de colis de formes et de dimensions très diverses, avec des rangées de barriques de toutes grandeurs, des piles de bois de toutes grosseurs; dominant le vacarme, on entend le sifflet strident des remorqueurs et des paquebots qui arrivent au port ou qui le quittent.

Questions et devoirs. — 1. Quand dit-on que la marée est haute? — 2. Comment appelle-t-on les rides de la mer? — 3. Qu'est-ce qui les produit? — 4. Quand le vent souffle violemment en mer, que font les bateaux? — Pourquoi? — 5. Qu'est-ce qui arrête les vagues à l'entrée des ports? — 6. Avec quoi décharge-t-on les marchandises?

RÉSUMÉ

La mer agitée par le vent se couvre de vagues. Même lorsque le vent ne souffle point et que la tempête n'est pas déchaînée, les eaux des Océans se soulèvent et s'abaissent et, sur les côtes, avancent et reculent : ce sont les marées.

Un port est un endroit abrité où l'on charge et où l'on décharge les navires.

Fig. 22. — Dans un port de commerce *Dunkerque*.

Fig. 23. — Une falaise.
(*Falaises de craie d'Etretat, Seine-Inférieure.*)

Fig. 24. — Des rochers.
(*Rochers de granit de la Pointe du Raz, Finistère,
à l'extrémité de la Bretagne.*)

Exercices d'observation. — 1. A quoi ressemble la côte sur la gravure de gauche? — 2. Que font toutes ces femmes? — 3. Comment nomme-t-on les blocs de pierre de la figure de droite? — 4. Qu'arrive-t-il lorsqu'un navire est pris par la tempête près de ces rochers? — 5. Les phares ont-ils tous la même lumière? — Pourquoi?

19ᵉ LEÇON. — Les bords de la mer.

Que d'aspects divers présentent nos rivages! Tantôt ils ressemblent à de hautes murailles blanches, qu'on nomme *falaises,* et que la mer vient battre de ses flots; tantôt ce sont d'énormes blocs de pierre, des *rochers* nus, balayés par les vagues et sur lesquels les navires viennent parfois se briser; tantôt ils forment des monticules de sables mouvants appelés *dunes.* Les dunes, sous l'action du vent, envahissent lentement les terres couvertes de cultures et de villages. On est heureusement parvenu à les fixer en y plantant des pins maritimes, qui arrêtent et retiennent les sables (fig. 25).

Les rivages de la mer sont irréguliers. Quand la terre s'avance en pointe dans la mer on dit que c'est un *cap.* Quand la mer s'avance dans la terre, c'est un *golfe.* (Si vous taillez en pointe un morceau de bois, vous dessinez un *cap.* Si vous mordez à belles dents dans une tartine, vous dessinez un *golfe.*)

Des terres entourées d'eau de tous côtés sont des *îles.* Il y a des îles qui ne sont point habitées; beaucoup d'autres ont des champs, des fleuves, des montagnes, des villes; quelques-unes sont même très peuplées. Plusieurs îles forment un *archipel.*

Une terre entourée d'eau de *presque* tous les côtés est une *presqu'île.*

Une mince bande de terre qui sépare deux mers est un *isthme.*

Un étroit passage qui fait communiquer deux mers est un *détroit.*

Questions et devoirs. — 1. Comment appelle-t-on ces côtes qui se dressent comme un mur au-dessus de la mer? — 2. Qu'est-ce qu'une dune? — 3. Quel est le danger des dunes? — 4. Que fait-on pour arrêter ce fléau destructeur? — 5. Qu'est-ce qu'une île? — 6. Une presqu'île? — 7. Un détroit?

RÉSUMÉ

Un cap est une pointe de terre qui s'avance dans la mer. Un golfe est une partie de mer qui s'avance dans les terres. Une île est une terre entourée d'eau de tous côtés. Un archipel est un groupe d'îles. Une presqu'île est une terre presque tout entière entourée d'eau. Un détroit est un bras de mer resserré entre deux terres. Un isthme est une bande de terre resserrée entre deux mers.

Fig. 25. — Des dunes (*Arcachon.*)

20ᵉ et 21ᵉ *LEÇONS*. — La vie sur le globe et l'homme maître de la terre.

Vie végétale. — Les *plantes*, pour vivre, ont besoin d'*air*, d'*eau*, de *chaleur*. Dans les régions de l'équateur, où elles ont trouvé ces conditions réunies, elles se sont développées avec une puissance incroyable et ont atteint des dimensions colossales : arbres géants de 40 et même 50 mètres de hauteur, fougères aussi grandes que les arbres de nos régions. Vers les régions très froides, la végétation devient de plus en plus petite et clairsemée, puis disparaît.

Dans les *mers*, les végétaux sont surtout des algues brunes, vertes ou rouges, aux feuilles longues et étroites pouvant atteindre 500 mètres de longueur chez certaines espèces, s'accrochant solidement aux rochers, ou flottant à la surface de l'eau, soutenues par de petites boules remplies d'air qui garnissent les rameaux.

Vie animale dans la mer. — Les mers sont habitées par de nombreuses espèces animales, depuis les infiniment petits, invisibles à l'œil nu, jusqu'aux énormes baleines qui peuvent atteindre 25 mètres de long et peser autant que 200 bœufs; depuis les phoques et les morses à peau graisseuse, dont les

Fig. 26. — La vie au fond des mers.

pattes en forme de palettes fonctionnent comme des rames, jusqu'aux poissons volants dont les nageoires jouent le rôle d'ailes et peuvent leur permettre des vols de 300 à 400 mètres au-dessus des flots.

Vie animale sur terre et dans les airs. — Les animaux ont des organes appropriés au milieu où ils vivent, à leur nourriture, à leur genre de vie. Les carnivores (chat, chien, tigre, lion, etc.), pour déchirer la chair des animaux, ont des dents aiguës et des griffes, de même que les oiseaux carnivores (aigle, chat-huant) ont des becs crochus et des serres puissantes. Les coureurs ont de longues et robustes pattes à un seul sabot (cheval), à deux doigts seulement (autruche), ou les pieds garnis d'une large semelle qui les empêche de s'enfoncer dans le sable (chameau). Les animaux fouisseurs (taupe) ont les pattes de devant disposées en forme de pelle. Les canards ont les doigts des pattes réunis par une membrane, ce qui leur permet de mieux nager, et le bec aplati en forme de pelle, ce qui leur permet de fouiller la

vase. Les habitants des marais (héron) ont de longues jambes et un long bec emmanché d'un long cou.

Vie humaine. — L'homme, qui est le dernier venu sur le globe, mais qui est le plus intelligent et

Fig. 27. — Les forces que l'homme emploie à son service : l'eau amenée aux usines dans de grosses conduites de fonte. (Papeteries Bergès à Lancey, Isère.)

le plus habile, a trouvé le moyen de vivre dans des régions même très froides et dans des régions même très chaudes. — La terre avait autrefois un aspect sauvage; elle était couverte de forêts et de marécages. L'homme nu et misérable se nourrissait de fruits, de feuilles, de racines et des animaux qu'il pouvait atteindre ou surprendre, des poissons qu'il pouvait capturer; il habitait dans les cavernes, se couvrant de la peau des bêtes qu'il tuait à la chasse. A la suite de patients efforts il sut tailler, aiguiser les *pierres* en forme de couteaux et les emmancher dans des bâtons. La découverte du feu lui permit de cuire la terre (poterie) et de traiter les métaux. Il construisit des cabanes sur pilotis au milieu des lacs, ou des huttes à l'entrée des forêts. Il apprivoisa et *domestiqua* certains animaux (vache, brebis, chèvre) pour s'assurer du lait et de la viande; il cultiva le blé et fit du pain. Il fabriqua des armes et des outils résistants et construisit des maisons de pierre.

Peu à peu, les hommes transformèrent ainsi la surface de la terre. Ils franchirent les cours d'eau, établirent des voies de communication à travers les montagnes, unirent les rivières entre elles (canaux). L'homme encore dessécha les marais, déboisa ou reboisa, protégea, améliora certaines espèces végétales ou animales en vue de son utilité personnelle. Il plia la nature à ses besoins. Il domina les flots, plongea au fond des mers, s'élança dans les airs, trouva le moyen d'asservir, de dompter les forces de la nature (chutes d'eau, vapeur, électricité), comme il avait domestiqué les animaux pour se rendre une vie plus agréable, puissante et douce.

Fig. 28. — Travaux des champs.

Exercices d'observation. — 1. Que voyez-vous à gauche sur la figure ? — 2. A droite, près du chemin ? — 3. Que fait la femme ? — 4. Qu'est-ce qui surveille le troupeau ? — 5. Que récolte-t-on dans la commune que vous habitez ?

22ᵉ LEÇON. — L'agriculture.

C'est avec la farine du blé qu'on fabrique le pain que vous mangez avec un si bel appétit. Mais avant que ce pain n'apparaisse sur votre table, il faut que les paysans, courbés sur la terre, aient peiné toute une année, souvent trempés par la pluie ou brûlés par le soleil ; il faut qu'ils aient labouré, hersé, roulé la terre, semé et récolté le blé. Et la *culture des champs*, l'*agriculture*, comme on l'appelle, ne produit pas que le blé.

Dans les vastes plaines sont aussi cultivés l'avoine, l'orge, le maïs, le lin, la betterave à sucre et tant d'arbres qui donnent des fruits. Près des villes, autour des villages, apparaissent les champs, les jardins couverts de légumes, les vergers et leurs fruits savoureux. Sur les coteaux pierreux et ensoleillés la vigne et l'olivier croissent. Dans les régions humides, sur les pentes des montagnes arrosées ou le long des rivières, l'herbe pousse drue et nourrit bœufs, vaches, chevaux.

Questions et devoirs. — 1. Avec quoi fait-on le pain ? — 2. Qui cultive le blé ? — 3. Quels travaux les cultivateurs font-ils dans les champs ? — 4. Nommez quelques produits des champs. — 5. Où voit-on surtout les champs de légumes et pourquoi ? — 6. Qu'est-ce qui croît sur les coteaux ? — 7. Où trouve-t-on les pâturages et pourquoi ? — 8. Que donne la vache ? — 9. Que fait-on avec le lait ?

RÉSUMÉ

L'agriculture est la culture des champs ; elle produit la plupart des aliments.

23ᵉ LEÇON. — L'industrie.

Pour transformer le blé en farine, pour extraire le sucre de la betterave, on porte aujourd'hui ces produits de notre sol dans de grandes *usines*, où sont rassemblées des machines de toutes formes. C'est la (*houille*) ou charbon de terre, tirée des profondeurs du sol, qui fait le plus souvent marcher les *machines ;* mais on utilise aussi les chutes d'eau pour mettre des usines en mouvement (fig. 27, p. 13) : c'est ce qu'on a appelé, par opposition avec la houille noire, la *houille blanche*.

Grâce aux machines, on tisse la laine, le lin, la soie et on en fait les étoffes avec lesquelles nous nous habillons. Grâce aux machines, on fabrique, avec le bois, les meubles ; avec les métaux, les outils, les instruments du cultivateur, les objets du ménage.

Les ingénieurs et les ouvriers qui dirigent les machines pour fabriquer les étoffes et les instruments sont des *industriels*, des *ouvriers industriels ;* c'est à leur travail qu'on doit l'*industrie*.

Questions et devoirs. — 1. Où fabrique-t-on le sucre de la betterave ? — 2. Que fabrique-t-on avec le bois ? — 3. D'où viennent la laine, la soie ? — 4. Que fait-on avec la laine, le lin, la soie ? — 5. Connaissez-vous des métaux ? — 6. D'où tire-t-on la houille ? — 7. Qu'est-ce que la houille blanche ?

RÉSUMÉ

L'industrie transforme les productions du sol et du sous-sol dans les ateliers et dans les usines.

Fig. 29. — Le Marché. (*La place d'Avallon, Yonne.*)

Exercices d'observation. — 1. Que représente la gravure? — 2. Qu'achète-t-on et que vend-on au marché? — 3. Que vend-on dans les boutiques, les magasins? — 4. Comment appelle-t-on ceux qui font du commerce?

24ᵉ LEÇON. — Le commerce.

Dans la campagne travaillent les cultivateurs; l'industrie est plutôt concentrée dans les villes. C'est à la ville que l'habitant de la campagne vient *vendre* le blé, les légumes, les bestiaux, les volailles, le lait, les œufs, le beurre et le fromage qu'il produit; c'est là qu'il *achète*, dans les boutiques et dans les magasins, les vêtements, les chaussures, les ou-

Fig. 30. — Pont-canal. (*Agen.*)

tils, les machines agricoles, les ustensiles de cuisine qui lui sont nécessaires.

Vendre et *acheter* des produits, c'est faire du *commerce*. Les commerçants vont parfois très loin de leur pays pour échanger les produits. Comme on le voit, ces échanges sont indispensables : le commerce prouve que les hommes ne peuvent se passer les uns des autres.

Questions et devoirs. — 1. Où s'établissent les usines? — 2. Quels produits vend l'habitant de la campagne? — 3. Qu'achète-t-il en échange? — 4. Qu'est-ce que : faire du commerce?

RÉSUMÉ

Faire du commerce, c'est acheter et vendre des marchandises.

25ᵉ LEÇON. — Les voies de communication.

Pour aller d'un lieu à un autre et communiquer avec les autres hommes, pour transporter les produits agricoles ou les produits fabriqués, les hommes utilisent la mer, les rivières, les routes, les chemins de fer : ce sont les *voies de communication*.

On voyage sur les routes : à *pied*, à *cheval*, en *voiture*, à *bicyclette* ou en *automobile*. Les chemins de fer permettent d'aller rapidement d'un endroit à un autre. Ils franchissent les rivières par des *ponts*, les vallées par des *viaducs;* pour leur donner passage on a aussi percé les montagnes par des *tunnels*. Les marchandises lourdes et encombrantes : bois, houille, pierre à bâtir, etc., sont transportés surtout par des *bateaux* sur les rivières et les fleuves. Les rivières et les fleuves sont unis entre eux par d'autres rivières construites par les hommes : ce sont les *canaux*. Les grands navires embarquent les voyageurs et les marchandises dans les *ports;* ils traversent les mers et les océans. Enfin on commence à faire des transports par la *voie des airs*, par *dirigeables* et par *avions*.

Questions et devoirs. — 1. Avez-vous déjà été en chemin de fer? — 2. Quel est l'avantage du chemin de fer? — 3. Que comprend un train? — 4. Comment le chemin de fer franchit-il une vallée? une montagne? — 5. Que transporte-t-on par rivières et canaux? — 6. Comment traverse-t-on les mers? — 7. Qu'est-ce qu'un *dirigeable?* — 8. Un *avion?*

RÉSUMÉ

Pour voyager on utilise la mer, les cours d'eau, les canaux, les routes, les chemins de fer; on traverse l'océan au moyen des navires à voile ou à vapeur. On emprunte aussi la voie des airs.

Fig. 31. — Habitations à toits aigus du nord, de l'est et du centre de la France. (*Chatenois, en Alsace.*)

Fig. 32. — Habitations à toits très peu inclinés des régions du midi de la France. (*La Turbie, Alpes-Maritimes.*)

Exercices d'observation. — 1. Quelle est la forme des toits des habitations de la figure 31? — 2. Quelle est celle des habitations de la figure 32? — 3. Avec quels matériaux a-t-on construit les maisons de votre commune? — 4. D'où les a-t-on tirés? — 5. Comment sont les toits?

26e LEÇON. — La température.

Les hommes se sont, dès qu'ils l'ont pu, réunis et groupés près des terres productives; ils ont recherché, pour construire leurs habitations, les lieux où ils ont trouvé de l'eau; ils ont tâché d'établir avec des groupes voisins des communications faciles; ils ont tiré parti pour le mieux des conditions si variées du climat, c'est-à-dire des *températures,* qui sont tantôt modérées et tantôt excessives, et des *pluies* qui sont tantôt irrégulières et rares et tantôt surabondantes.

Il fait plus chaud vers l'équateur et plus froid vers les pôles : la température varie suivant la place qu'occupe un pays par rapport aux pôles et à l'équateur, c'est-à-dire suivant la *latitude.*

Il fait plus chaud en été qu'en hiver : la température varie avec les saisons.

Plus on s'élève, plus la chaleur diminue : la température varie donc avec la hauteur, ou *altitude* d'un lieu.

Questions et devoirs. — 1. Où les hommes se sont-ils groupés sur la terre? — 2. Quelles sont donc les températures qu'ils préfèrent? — 3. Que remarque-t-on en gravissant une montagne?

RÉSUMÉ

La température varie avec la lumière, les saisons, la latitude. La latitude est la place qu'un pays occupe par rapport aux pôles et à l'équateur.

27e LEÇON. — Les pluies.

La température a évidemment une grande influence sur les productions du sol et sur la vie des hommes. Quand il fait froid, on est obligé de déployer beaucoup d'activité pour s'échauffer; on mange davantage, on s'habille autrement qu'en été, on chauffe les appartements.

En hiver, dans nos pays, la végétation s'arrête. En été, lorsqu'on prend soin d'arroser ou lorsqu'il pleut, les plantes croissent rapidement. C'est dire que le rôle de l'eau est aussi grand que celui de la température. Les pluies, la manière dont elles tombent (ou doucement ou par averses), les saisons où elles sont les plus fréquentes, voilà qui caractérise les climats autant que les températures.

Chez nous, ni la chaleur ni les pluies ne sont excessives. A l'équateur, où il fait très chaud et où il pleut surabondamment, les plantes non seulement poussent vite, mais encore sont énormes et très hautes. La vie humaine y est plus pénible.

Dans les régions à température modérée, qu'on appelle *régions tempérées,* l'homme mène plus facilement une vie beaucoup plus active.

La température et les pluies déterminent donc le *climat d'un pays.*

Questions et devoirs. — Que fait-on quand la saison est froide? — 2. Que devient la végétation en hiver et en été? — 3. Que faut-il pour que des plantes croissent rapidement? — 4. Dans quelles régions fait-il le plus chaud et tombe-t-il le plus d'eau? — 5. Parlez de la végétation dans ces régions.

RÉSUMÉ

La pluie comme la température a une grande influence sur les productions du sol et sur la vie des hommes. La température et les pluies déterminent le climat d'un pays.

Fig. 33. — Vue de la classe.

Fig. 35. — Vue de l'école.

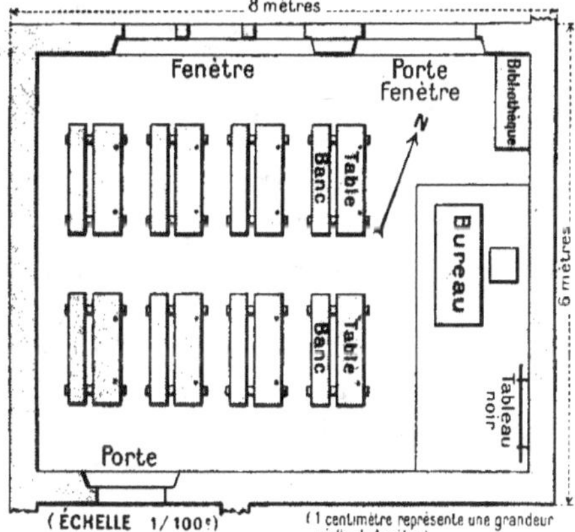

Fig. 34. — Plan de la classe.

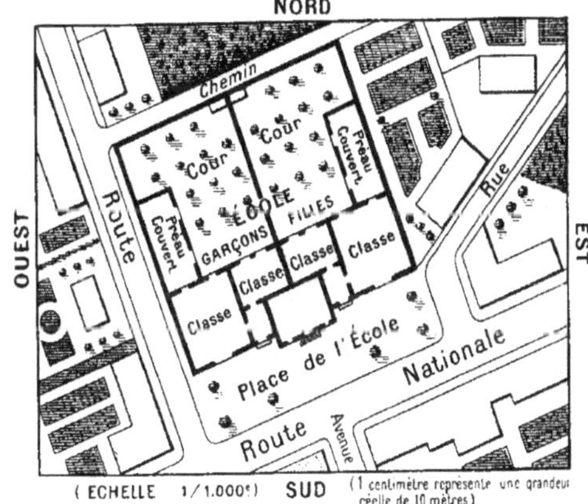

Fig. 36. — Plan de l'école.

28e LEÇON. — Plan de la classe; l'école.

Quand vous êtes entrés pour la première fois à l'école, vous avez remarqué que les meubles de la salle de classe ne ressemblaient pas à ceux que vous aviez l'habitude de voir à la maison : tables, sièges, bureau, cartes, tableaux ont des formes et des qualités spéciales.

Si Paul pouvait monter à l'étage supérieur et regarder par un trou pratiqué au plafond de la salle de classe, que verrait-il? Sans doute il verrait encore la même salle, mais l'image serait sensiblement différente de la première. Il ne verrait plus que le dessus des tables, bancs, bureau, etc.

S'il dessinait ce qu'il peut voir, il ferait le *plan de la classe*, tel qu'il est représenté sur la fig. 34.

Il pourrait établir selon le même principe le *plan de l'école* et des rues voisines avec les maisons qui les bordent, comme sur la fig. 36.

Questions et devoirs. — 1. Exécutez le plan de votre classe. — 2. Exécutez le plan de l'école, des rues et maisons voisines.

RÉSUMÉ

Pour représenter la salle de la classe, on en dessine le plan. On représente de la même façon une école, un quartier.

Note pour le maître. — Le plan de la classe peut être exécuté sur carton fort. On fera ensuite garnir ce plan de meubles scolaires exécutés en carton pendant les séances de travail manuel et d'après des modèles simples.

3 — Géographie-Atlas, c. élém., n° 2502.

Fig. 37. — Un centre industriel, Louvroil, près de Maubeuge (Nord)'; vue prise en avion, mais en perspective (Cliché Marcel Chrétien).

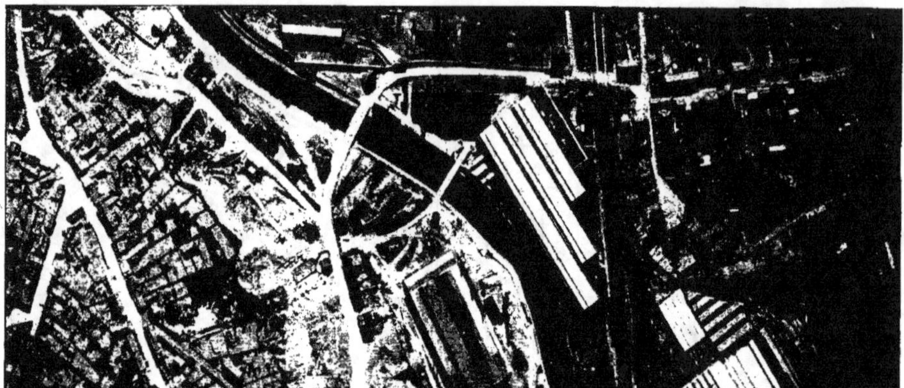

Fig. 38. — Le même centre industriel ; vue prise en avion, droit au-dessus de la petite ville (Cliché Marcel Chrétien).

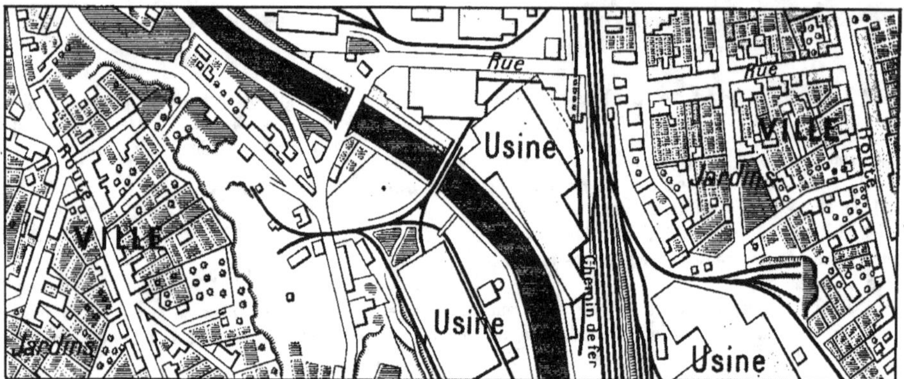

Fig. 39. — Plan reproduisant sous forme de carte l'image entière et exacte de la photographie précédente (fig. 38).

Exercices d'observation. — 1. Que représente la figure 37 ? — 2. Dites ce que vous y voyez. — 3. Que représente la figure 38 ? — 4. Comment vous apparaissent les routes, la rivière, la ville, la voie ferrée, l'usine ? — 5. Que représente la figure 39 ? — 6. Comment sont représentés les routes, la rivière, les ponts, les maisons, les jardins ?

29ᵉ LEÇON. — **Représentation de la terre.**

Voici un paysage. On y distingue des routes, une rivière, un pont, une ligne de chemins de fer, des cultures, une ville avec ses édifices publics, ses maisons, ses usines.

Si nous étions en ballon ou en aéroplane, l'aspect serait bien différent. C'est une immense étendue plate qui apparaîtrait à nos yeux. La rivière ressemblerait à un long ruban argenté, les routes se dérouleraient toutes blanches à perte de vue ; les champs formeraient de grands carrés de couleur marron ou des nappes vertes piquées çà et là de toits rouges ou gris. Les bois se montreraient sous la forme de taches d'un vert sombre.

Et si nous dessinions ce que nous avons sous les yeux en indiquant les routes, la rivière et le pont, la ligne du chemin de fer, les carrés que forment les maisons alignées le long des routes, les taches sombres des bois, nous aurions la *carte de la région*.

Une *carte* est donc le dessin en petit d'une certaine étendue de pays. On peut faire la carte d'une commune, de plusieurs communes et même de la France, ou de la terre entière. Le plus souvent sur ces cartes on ne peut indiquer que les grandes villes, les rivières, les collines, les montagnes les plus importantes, les principales routes ou lignes de chemin de fer. — On colore généralement les mers et les lacs en bleu, les montagnes en marron foncé ou en violet, les très hautes montagnes en blanc ou en rouge.

De nos jours, sur toutes les cartes, le nord est en haut, le sud en bas, l'est à droite, l'ouest à gauche.

Questions et devoirs. — 1. Comment apparaît un paysage vu du haut d'un ballon ou d'un avion ? — 2. Exécutez le plan de votre commune ou de votre quartier. — 3. Indiquez sur ce plan la direction des points cardinaux.

RÉSUMÉ

Une carte est un dessin, un plan qui représente la surface de la terre ou une partie de cette surface.

30ᵉ LEÇON. — **L'échelle des cartes.**

Paul a représenté la classe en petit (Fig. 34 page 17). En effet, la classe qui a, par exemple, 8 mètres de long sur 6 mètres de large, n'a plus sur son dessin que 8 centimètres sur 6 centimètres. Le dessin de Paul est 100 fois moins long et 100 fois moins large. On dit que le plan de Paul est à *l'échelle de un centième* : $\dfrac{1}{100}$; c'est-à-dire qu'une longueur de 1 centimètre sur le papier représente une distance réelle de 100 centimètres ou 1 mètre.

Dans le plan de la commune, une longueur de 1ᶜᵐ correspond à une distance réelle de 5000 ᶜᵐ ou 50 mètres. On dit que l'échelle est de un cinq millième : $\dfrac{1}{5000}$.

L'échelle est donc la proportion qui existe entre les dimensions d'une carte et celles du pays qu'elle représente.

Questions et devoirs. — 1. Sur la fig. 36, page 17, indiquez les dimensions réelles de votre école, et les dimensions du plan que vous avez dessiné. — 2. A quelle échelle est-il tracé ? — 3. Sur une carte à l'échelle de $\dfrac{1}{80000}$, que représente réellement une longueur de 1 cm. sur la carte ? — de 2 cm ? — de 5 cm ?

RÉSUMÉ

L'échelle d'une carte est la proportion qui existe entre les longueurs figurées sur cette carte et les longueurs réelles qu'elle représente.

EXERCICES DE REVISION (Géographie locale)

1. Votre commune est-elle située dans une plaine ? — sur un plateau ? — dans une vallée ? — Quelles côtes, quelles collines, quelles montagnes, quelles vallées sont les plus proches ?

2. Votre commune est-elle traversée par un ruisseau, une rivière, ou un fleuve ? — D'où vient-il ? — De quel côté se dirige-t-il ? — Fait-il marcher des moulins ? — Quels poissons y pêche-t-on ?

3. Avez-vous déjà vu un port ? — Qu'avez-vous remarqué ? — Quelle en est la principale activité ?

4. Quelle eau emploie-t-on dans votre commune pour l'alimentation ? — S'il y a des puits, quelle est leur profondeur ? — Y a-t-il des citernes ? — A quoi sert l'eau des citernes ?

5. Quels moulins approvisionnent en farine les boulangers de votre localité ? Quels poissons vend-on dans votre commune ? — De quels ports viennent-ils ? — Que boit-on dans votre région ? — Quels combustibles brûle-t-on ? — D'où viennent-ils ?

6. Quelles sont les cultures de votre localité ? — Où les cultivateurs vont-ils porter leurs produits ? — Y a-t-il des bois ? — Que fait-on du bois ? — Élève-t-on des animaux ? — Lesquels ? — Que fait-on de leurs produits ? — Où les expédie-t-on ? — Quel gibier chasse-t-on dans votre région ?

7. Y a-t-il des carrières dans votre région ? — Qu'en tire-t-on ? — Quelle est l'industrie de votre localité ? — Y a-t-il un marché dans votre commune ? — dans la région ? Quels produits y sont vendus ?

8. Quelle est la forme ordinaire des maisons ? — des toits de ces maisons ? — Quels sont les principaux bâtiments des fermes ?

9. Quelles voies de communication desservent votre ville ou votre village ? — Si vous habitez un village, quels moyens de locomotion employez-vous pour aller à la grande ville voisine ?

Fig. 40. — Paris, capitale de la France. (En comprenant toutes les communes de sa banlieue, Paris représente 4 millions et demi d'habitants, ce qui la place, après New-York et Londres, au 3e rang parmi les plus grandes villes du monde.)

Exercices d'observation. — 1. Quelle impression d'ensemble produit ce dessin ? — 2. Comment sont les maisons ? — 3. Que représente ce grand ruban blanc qui traverse la ville ? — 4. Comptez les ponts que vous apercevez. — 5. Reconnaissez-vous quelques monuments? — 6. Avez-vous entendu parler d'autres monuments de Paris qui ne sont pas figurés sur cette gravure ?

31e LEÇON. — La France; les mers qui bordent la France; les pays voisins.

Le village ou la ville que nous habitons, et les terres qui les entourent, forment avec beaucoup d'autres un même pays, une patrie qu'on appelle la *France*. La *France* est le pays des *Français*. Les Français, nos compatriotes, se comprennent tous et savent parler la même langue : *la langue française;* ils aiment et font respecter le même drapeau, le *drapeau tricolore* (bleu, blanc, rouge). La ville la plus importante de la *France,* la capitale, est *Paris*.

Notre patrie, la *France,* touche à quatre mers : au nord à la MER DU NORD, à l'ouest à la MANCHE et à l'OCÉAN ATLANTIQUE, au sud à la mer MÉDITER-RANÉE. A la France appartient *l'île de la Corse,* dans la mer Méditerranée.

Du côté où la France n'est pas baignée par la mer, elle borde d'autres pays. Au nord et au nord-est, ses voisins sont la *Belgique* et l'*Allemagne;* à l'est, la *Suisse* et l'*Italie;* au sud, l'*Espagne*.

La mer appelée la *Manche* et le détroit appelé le *Pas-de-Calais,* la séparent de l'*Angleterre* au nord.

La France, qui présente la forme d'une figure à peu près régulière de six côtés ayant trois faces maritimes s'opposant à trois faces terrestres, est située au centre des régions tempérées.

Bien équilibrée, ni massive, ni allongée, ayant des contours variés, largement ouverte sur deux grandes mers : *Océan Atlantique* et *Méditerranée,* notre douce *France* est en communication facile avec tous les États voisins.

Elle a servi de lieu de passage aux peuples les plus divers : *Celtes-Gaulois* et *Francs* venus du nord; *Germains, Burgondes, Wisigoths, Huns,* venus de l'est ; *Grecs, Romains* et *Arabes,* venus du sud ; *Normands,* ou hommes du nord, qui sont venus par mer et ont pénétré à l'ouest par les estuaires des fleuves.

Beaucoup de ces peuples, retenus par la douceur de son climat et la fertilité de ses plaines, se sont fixés sur son sol. Et tous ces peuples, de races, de langues, d'esprits si divers, se sont groupés, fondus pour ne former qu'un seul peuple et la nation la plus unie, la plus accueillante, la plus généreuse qui soit au monde.

Questions et devoirs. — 1. Comment s'appelle votre patrie? — 2. Quelle langue parle-t-on en France? — 3. Y a-t-il dans votre commune des personnes parlant une autre langue? — Si oui, comment appelle-t-on ces personnes? — 4. Quelles mers baignent la France au nord, au sud, à l'ouest? — 5. Nommez les États voisins de la France au nord, au sud, à l'est. — 6. Quels sont les peuples qui se sont fixés sur le sol français?

RÉSUMÉ

La France notre patrie est baignée par quatre mers : la mer du Nord, la Manche, l'Océan Atlantique, la mer Méditerranée. Les États voisins de la France sont la Belgique et l'Allemagne au nord et au nord-est, la Suisse et l'Italie à l'est, l'Espagne au sud. L'Angleterre est aussi notre voisine, mais séparée de la France par la Manche et le Pas de Calais.

Carte 1. — La France, les mers qui la bordent et les pays voisins.

Exercices d'observation. — 1. Quel est le pays représenté sur cette carte ? — 2. Que représentent les parties bleues ? — 3. Lisez les noms de mers ? — 4. Montrez et nommez une île ; — un archipel ; — un cap ; — deux golfes ; — un détroit ; — deux presqu'îles ; — un fleuve ; — un lac. — 5. Quel est le pays situé au sud de la France ? — 6. Quels sont les pays situés à l'est ? — 7. au nord ? — 8. Quel est le pays que la Manche sépare de la France ? — 9. Montrez la Flandre ; le pays de Caux ; — le Poitou ; — les Landes ; — le Languedoc ; — la Provence.

De l'est vers l'ouest le continent européen s'amincit : entre la mer Noire et la mer Baltique la distance se réduit à 1200 kilomètres ; vers l'Adriatique à 900. Mais pour que le rapprochement entre les mers septentrionales et les mers méridionales s'accentue, il faut arriver à l'intervalle compris entre la Méditerranée et la Manche. Plus au Sud, dans la région de la Garonne, 370 kilomètres seulement séparent la Méditerranée de l'Océan. Dans le signalement de la France, voici un trait essentiel : c'est la contrée située au rapprochement des mers.

VIDAL DE LA BLACHE.

Fig. 41. — Vue de montagnes (*Massif du Mont-Blanc : le sommet du Mont-Blanc, qui est situé en France, et qui a, d'après les dernières mesures, 4808 mètres, est ce dôme tout blanc qui domine tous les autres vers la droite de la figure).*

Exercices d'observation. — 1. Distinguez sur cette gravure les pics et les glaciers. — 2. Pourquoi les sommets sont-ils blancs ? — 3. Pourquoi les pentes sont-elles lisses ? — 4. Apercevez-vous quelque trace de végétation ?

32ᵉ LEÇON. — Les plaines et les montagnes de la France.

La France est un pays de grandes plaines bien cultivées, qui sont situées surtout au nord, au nord-ouest, à l'ouest et au sud-ouest : plaine de *Flandre*, plaines du *Bassin Parisien*, plaine de la *Garonne*.

Il y a aussi de grandes montagnes en France. Au centre se trouve le MASSIF CENTRAL, vieille terre dominée par des volcans éteints, bordée, au sud, de vastes plateaux calcaires appelés *Causses,* limitée au sud-est et à l'est par la chaîne des *Cévennes*.

A l'est se trouvent les VOSGES verdoyantes, aux

Fig. 42. — Les Vosges (*Lac de Retournemer*).

sommets arrondis, couverts de forêts de sapins et de pâturages et où l'on rencontre aussi de jolis lacs (fig. 42).

Au sud, notre pays est bordé par les PYRÉNÉES ; ces montagnes, hérissées de pics et ornées de beaux cirques, forment une muraille, presque infranchissable au centre, mais qui s'abaisse aux deux extrémités. Des *Pyrénées* descendent de nombreux cours d'eau torrentiels, dont on utilise maintenant la force.

Fig. 43. — Dans les Pyrénées (*Cirque de Gavarnie*).

A l'est, la France est bordée par le JURA, aux chaînons parallèles séparés par des vallées profondes, — et par les ALPES.

C'est dans les ALPES que se rencontrent les plus hauts sommets : beaucoup, comme le *Mont-Blanc,* sont couverts de neige en toute saison, et dans les creux, la neige se transforme en glace et forme des glaciers.

Questions et devoirs. — 1. La France est-elle un pays de plaines ? — 2. Où se trouvent les plaines françaises ? — 3. Nommez les principales montagnes de la France. — 4. Quelles montagnes bordent notre pays ? — 5. De quels pays nous séparent-elles ? — 6. Où sont situés les plus hauts sommets ? — 7. Comment apparaissent les Pyrénées ? — 8. Que savez-vous des Alpes ?

RÉSUMÉ

La France a de grandes plaines au nord et à l'ouest. Les principales montagnes de la France sont : le Massif Central, bordé par les Cévennes ; les Vosges, aux sommets arrondis ; les Pyrénées ; le Jura ; les Alpes, où se dresse le Mont-Blanc, la montagne la plus élevée de France (et même de toute l'Europe, si l'on en excepte le Caucase).

Carte 2. — La France, ses montagnes et ses grands fleuves.

Exercices d'observation. — 1. Que représentent les parties vertes? — 2. Quelles sont les montagnes à l'est de la France? – au sud de la France? — au centre de la France? — 3. Quel sommet remarque-t-on dans les Alpes? — 4. Comptez les fleuves qui coulent en France. — 5. Dites où commencent la Loire, le Rhin, le Rhône. — 6. Quel lac traverse le Rhône? — 7. Dans quelle mer chaque fleuve se jette-t-il? — 8. Quelles sont les villes traversées par la Seine? — la Loire? — 9. Quelles rivières se jettent dans la Seine? — dans le Rhône? — dans la Loire? — dans la Garonne? — 10. Quel est le plus long fleuve de France? — Quel est le plus court de ses grands fleuves?

Contemplons l'ensemble de la France. Montons sur un des points élevés des Vosges, ou, si vous voulez, du Jura. Tournons le dos aux Alpes. Nous distinguerons (pourvu que notre regard puisse percer un horizon de 300 lieues) une ligne onduleuse qui s'étend des collines boisées du Luxembourg et des Ardennes aux ballons des Vosges; de là par les coteaux de vignobles de la Bourgogne aux déchirements des Cévennes et jusqu'au mur prodigieux des Pyrénées... Au loin deux espèces d'îles continentales : la Bretagne, âpre et basse, grand écueil placé au coin de la France pour supporter les coups des courants de la Manche; d'autre part la verte et rude Auvergne, vaste incendie éteint avec ses quarante volcans.

Michelet.

Fig. 44. — Vue de la Seine. (*Le Petit-Andely et les ruines du Château-Gaillard.*)

Exercices d'observation. — 1. Dites les éléments qui composent cette figure. — 2. Montrez une île, un pont, un château, une rive. — 3. Comment sont les toits des maisons? — 4. Comment nous apparaît la Seine sur cette gravure?

33e LEÇON. — Les fleuves de la France.

La France est arrosée par la *Seine*, la *Loire*, la *Garonne*, le *Rhône*, le *Rhin*, la *Meuse* et l'*Escaut*.

La Seine, calme et régulière à l'ordinaire, au cours sinueux, navigable toute l'année, est le plus facile et le plus utile de nos fleuves. Elle reçoit l'*Yonne*, la *Marne* et l'*Oise*, arrose *Paris*, *Rouen* et le *Havre*, où elle se jette dans la *Manche*.

La Loire, venue du *Massif Central*, est le plus long de nos fleuves. Elle a des crues violentes au

Fig. 45. — Vue de la Loire (à *Montlouis*, *Indre-et-Loire*).

printemps, lors de la fonte des neiges, et des eaux très basses en été. La *Loire* reçoit l'*Allier*, arrose *Orléans* et *Nantes*, et se jette dans l'*Océan Atlantique*.

La Garonne prend sa source dans les *Pyrénées*. Comme la *Loire* elle a un débit d'eau très irrégulier et ne peut elle aussi porter des bateaux que vers la fin de son cours. Elle arrose *Toulouse*, *Bordeaux*, reçoit la *Dordogne*, porte alors le nom de *Gironde*, et se jette dans l'*Océan Atlantique*.

Le Rhône, descendu des *Alpes*, est le plus abondant de nos fleuves. Il prend sa source en *Suisse*, traverse le *lac de Genève*, arrose *Lyon*, où il reçoit

la *Saône*, et va se jeter dans la mer *Méditerranée* par plusieurs bouches qui forment un delta. La rapi-

Fig. 46. — Confluent de la Saône et du Rhône à Lyon
(*Vue prise de la colline de Fourvières*).

dité de son cours gêne la navigation : les bateaux le descendent facilement de *Lyon* à la mer, mais ils ne peuvent le remonter que fort péniblement.

Le Rhin, venu des *Alpes suisses*, sépare notre pays de l'*Allemagne*. Il passe près de *Strasbourg*, et se jette dans la mer du *Nord*. Il reçoit la Moselle qui passe à *Metz*.

La Meuse, qui arrose *Verdun*, et l'Escaut se jettent également dans la mer du *Nord*, hors de *France*.

Questions et devoirs. — 1. D'où viennent la Loire, la Garonne, le Rhône, le Rhin? — 2. Quels fleuves se jettent dans l'Océan Atlantique? — dans la mer du Nord? — 3. Pourquoi la Loire n'est-elle pas navigable? — 4. Qu'est-ce qui entrave la navigation sur le Rhône?

RÉSUMÉ

Les fleuves de la France sont : la Seine, qui passe à Paris, Rouen et le Havre: la Loire, qui arrose Orléans et Nantes: la Garonne, qui arrose Toulouse et Bordeaux ; le Rhône, qui passe à Lyon ; le Rhin, qui passe près de Strasbourg, et qui reçoit la Moselle; la Meuse et l'Escaut.

Fig. 47. — Vue de la Côte d'Azur. (*La presqu'île et le rocher de Monaco.*)

Exercices d'observation. — 1. Montrez sur cette gravure une presqu'île, un cap, un golfe. — 2. Pourquoi la mer entre-t-elle ainsi dans la terre à certains endroits, tandis qu'ailleurs la terre avance dans la mer?

34ᵉ LEÇON. — Les côtes de France.

Les côtes françaises sont d'une extraordinaire variété. (Voir fig. 23, 24 et 25, p. 12.)

Elles sont droites, basses et sablonneuses en *Flandre* et dans les *Landes*, où il a fallu fixer le sable par des plantations de pins. Elles sont marécageuses, malsaines et longées d'étangs dans le *Languedoc*. Elles apparaissent bordées de falaises

Fig. 48. — Côte basse et marais salants.
Environs de Guérande, Loire-Inférieure.

crayeuses dans le *pays de Caux*, élevées, rocheuses et découpées, bordées d'îles et d'îlots propices à l'établissement de ports dans les presqu'îles du *Cotentin* et de la *Bretagne*, dans la *Provence* et en *Corse*. C'est en certaines régions tout près de la mer que se trouvent les *marais salants* (voir p. 10 et fig. 48).

Questions et devoirs. — 1. Comment apparaissent les côtes françaises de la Manche? — 2. de l'Océan Atlantique? — 3. Quelles sont les côtes de France où l'on trouve le plus de ports? — Pourquoi? — 4. Sur quelles côtes établit-on les marais salants? — Pourquoi?

RÉSUMÉ

La mer du Nord a des côtes bordées de dunes. La Manche a des côtes rocheuses en Bretagne, bordées de falaises dans la Normandie. Les côtes de l'Océan sont basses sauf en Bretagne. La côte méditerranéenne est basse en Languedoc et rocheuse en Provence.

35ᵉ LEÇON. — Le climat de la France.

En France les très fortes chaleurs et les froids rigoureux sont rares. Les *vents d'ouest*, les plus fréquents, y amènent des *pluies* fines et douces en toute saison, nous assurant de belles récoltes. Comme il ne fait ni trop chaud en été, ni trop froid en hiver, et qu'il ne pleut pas abondamment, on dit que la France a un climat *tempéré*.

Pourtant il fait plus chaud dans le sud de la France que dans le nord, dans les plaines que sur les montagnes. *Près de la Manche, près de l'Océan Atlantique,* dans les *régions montagneuses* sur le versant ouest des montagnes, les pluies sont plus fréquentes.

Dans la *région méditerranéenne* les pluies sont plus rares, mais plus fortes, et tombent surtout en automne et en hiver.

La *région de l'Est* a des hivers plus froids et des étés plus chauds que le reste de notre pays.

Questions et devoirs. — 1. D'où viennent le plus souvent les vents qui amènent la pluie sur notre pays? — 2. Où pleut-il le plus en France? — 3. Pourquoi tombe-t-il moins d'eau sur le versant est des montagnes? — 4. Où fait-il le plus chaud en France?

RÉSUMÉ

La France a un climat tempéré. Les pluies sont fréquentes sur les côtes de la Manche et de l'Océan Atlantique et dans les régions montagneuses. C'est près de la Méditerranée qu'il fait le plus chaud et qu'il pleut le moins souvent.

Fig. 49. — Marseille, le plus grand port maritime de France

Exercices d'observation. — 1. Que voyez-vous en avant sur cette gravure ? — 2. Les bateaux qui y sont représentés ont-ils tous la même forme ? — 3. Pouvez-vous distinguer les bateaux à vapeur des bateaux à voiles ? — 4. Que voyez-vous au sommet de la colline qui domine Marseille ?

36ᵉ LEÇON. — Les grandes villes de France.

Les grandes villes sont liées à d'importantes voies de communication : routes, fleuves, chemins de fer ; elles sont situées à l'embouchure de grands fleuves ou près de cette embouchure ; ou bien encore elles se sont développées au centre de régions riches en houille, et par conséquent favorables au développement de l'industrie.

Les plus grandes villes de France sont :

PARIS, sur la Seine, au croisement des routes qui mènent de la Manche à la Méditerranée et du nord vers le centre et le sud de la France ; capitale de la France ; elle est la plus belle et la plus attirante ville du monde et le premier port fluvial de notre pays (voir fig. 40, p. 20) elle est aussi un très important centre d'industries diverses.

Dans le nord : LILLE, à proximité des plus productives mines de houille de France, lieu de passage entre la Belgique et la France, industries très importantes du fer, des tissus de coton et de lin, du sucre ; ROUBAIX, près de Lille, a des peignages de laine et des fabriques de lainages.

Dans l'ouest : LE HAVRE, deuxième port marchand français sur la Manche, à l'embouchure de la Seine, marché du coton et du café ; ROUEN, port fluvial sur la Seine, fabriques de cotonnades ; NANTES, port fluvial sur la Loire, fabriques de biscuits et de conserves, centre de métallurgie et de constructions navales.

Dans l'est : STRASBOURG, port fluvial relié au Rhin, sur la voie naturelle qui mène de France vers l'Allemagne du sud ; NANCY, sur la voie qui conduit vers l'est de la France ; METZ, situé comme Nancy à proximité des importantes mines de fer de la Lorraine ; REIMS, lainages et vins de Champagne ; MULHOUSE, industrie du coton.

Dans le centre : LYON, au confluent de la Saône et du Rhône, sur la grande voie qui mène de la Manche à la Méditerranée ; industrie de la soie, fabriques de produits chimiques ; SAINT-ÉTIENNE, dont la prospérité est due à l'exploitation des mines de houille que renferme son sol et qui ont contribué à la création d'importantes usines métallurgiques ; fabriques de rubans de soie.

Dans le sud : BORDEAUX, sur la Garonne, port fluvial, commerce de vins ; TOULOUSE, sur la grande voie naturelle qui mène de l'Océan Atlantique à la Méditerranée, grand marché agricole ; MARSEILLE, sur la Méditerranée, premier port maritime français, à l'écart des bouches du Rhône encombrées de graviers et de boues, fabriques de savons et d'huiles ; TOULON, port militaire sur la Méditerranée ; NICE, port sur la Méditerranée, aux hivers très doux.

Questions et devoirs. — 1. A quoi est dû le développement de Paris ? — de Lyon ? — de Bordeaux ? — de Toulouse ? — de Saint-Étienne ? — 2. Citez quatre grandes villes de l'Est. — 3. Quelle est l'industrie de Lille ? — Rouen ? — Roubaix ? — Mulhouse ? — 4. A quoi Nice doit-elle sa prospérité ?

RÉSUMÉ

Les principales villes de France sont : Paris, Marseille, Lyon, Bordeaux, Lille, Nantes, Toulouse, Saint-Étienne, Strasbourg.
Les trois plus grands ports maritimes sont Marseille, le Havre et Bordeaux. Le plus grand port fluvial est celui de Paris.

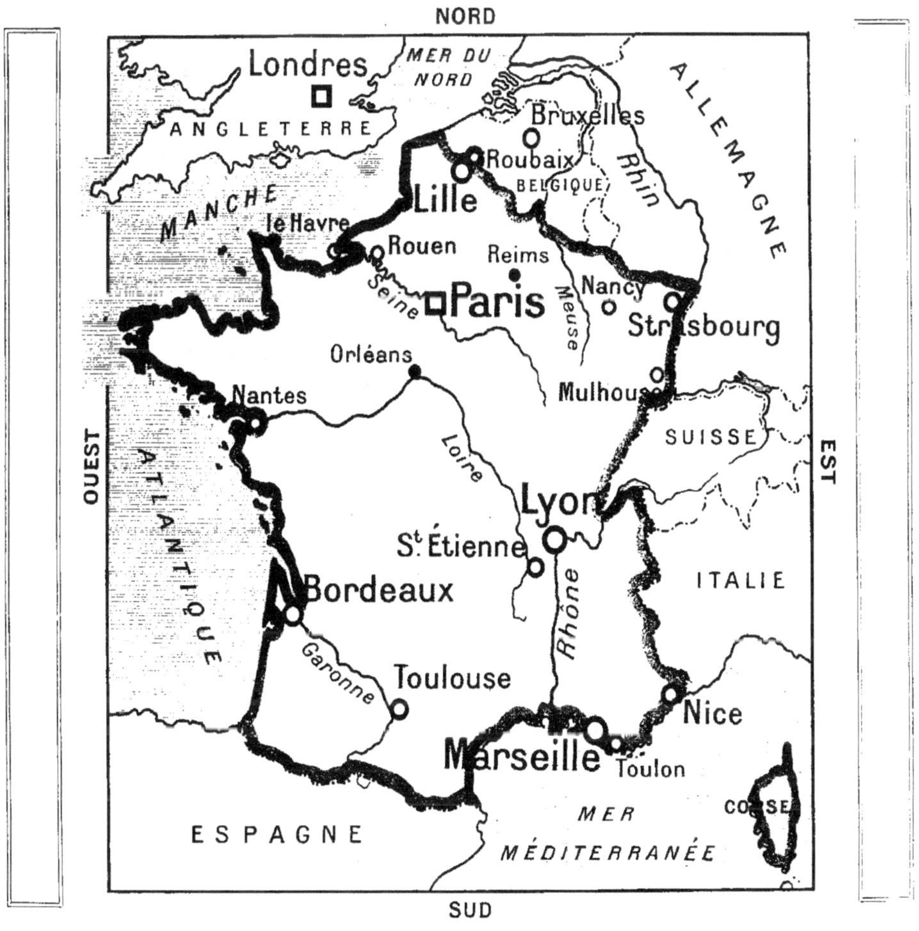

Carte 3. — La France et ses grandes villes.

Exercices d'observation. — 1. Quelle est la capitale de la France? — 2. Sur quel fleuve se trouve Paris? — 3. Quelles sont les grandes villes arrosées par la Seine? — 4. Où se trouvent Lyon, Nantes, Lille, Roubaix, Saint-Étienne, Strasbourg, Nancy, Reims? — 5. Nommez les grandes villes situées sur la mer.

La langue est le plus solide de tous les liens qui rattachent les uns aux autres les hommes de diverses provinces. C'est aussi avec la langue française dont les premiers monuments remontent à plus d'un millier d'années que la nation, toujours renouvelée, mais toujours vivante, a commencé de prendre corps. En possession de leurs langues, les poètes du peuple nouveau surent trouver, pour célébrer la « douce France », des accents de tendresse filiale qui ne furent certainement jamais dépassés.

ÉLISÉE RECLUS.

Fig. 50. — Un grand viaduc pour chemin de fer. *(Viaduc de Morlaix, Finistère.)*

Exercices d'observation. — 1. A quoi sert ce grand pont ? — 2. Pouvez-vous apprécier sa hauteur en la comparant à celle des maisons qui sont à côté ? — 3. Combien apercevez-vous d'arches ? — 5. Pourquoi les piliers sont-ils plus gros en bas qu'en haut ?

37ᵉ LEÇON. — Les canaux et les chemins de fer français

Les grandes villes sont parfois reliées par les fleuves. Les fleuves, ainsi que beaucoup de rivières assez larges et assez profondes, peuvent porter bateaux : on dit alors qu'ils sont navigables.

Les fleuves et rivières navigables sont unis entre eux par des *canaux*, qui sont des fossés creusés par les hommes. Les canaux comprennent des parties de cours d'eau de niveaux différents, séparés par des portes doubles et espacées qui forment des *écluses*. Les

Fig. 51. — Une écluse. *(Canal du Centre.)*

portes des écluses s'ouvrent séparément pour faire passer les bateaux d'un niveau à l'autre. Les bateaux plats, appelés *chalands* ou *péniches*, étaient autrefois péniblement tirés par des hommes appelés *haleurs*, puis ce furent des chevaux ou des ânes qui tirèrent les bateaux. Aujourd'hui, un *remorqueur* mécanique traîne derrière lui trois, quatre ou cinq péniches formant un train de bateaux.

La *Seine* est reliée par des canaux à tous les fleuves qui l'entourent : à l'*Escaut* et à la *Meuse* (CANAL DE SAINT-QUENTIN, CANAL DE LA SAMBRE), au *Rhin* (CANAL DE LA MARNE AU RHIN), au *Rhône* (CANAL DE BOURGOGNE), à la *Loire* (CANAL DU LOING). Le *Rhône* est relié à la *Garonne* (CANAL DU MIDI), et son

grand affluent la *Saône* à la *Loire* (CANAL DU CENTRE), et au *Rhin* (CANAL DU RHÔNE AU RHIN). — La *Loire* et la *Garonne*, qui ne sont guère navigables sur tout leur parcours, sont côtoyées en partie par des canaux qu'on appelle *Canaux latéraux*.

Toutes les villes de France sont aujourd'hui reliées entre elles par des chemins de fer qui transportent rapidement voyageurs et marchandises. Les chemins de fer franchissent les vallées par des viaducs (*viaduc de Garabit, viaduc de Morlaix*, etc.). Ils traversent les collines et les montagnes par des tunnels comme le tunnel du *Mont-Cenis*, qui traverse les Alpes.

En France, les principales lignes de chemin de fer partent de *Paris*. C'est ainsi que l'on va de PARIS au HAVRE en passant par *Rouen*; de PARIS à LILLE, par *Amiens*; de PARIS à STRASBOURG, en passant par *Nancy*; de PARIS à MULHOUSE; de PARIS à NICE, en passant par *Lyon, Marseille, Toulon*; de PARIS à TOULOUSE, par *Orléans, Limoges*; de PARIS à BORDEAUX, par *Orléans, Tours*; de PARIS à NANTES; de PARIS à BREST, par *Rennes*. On peut aller aussi de BORDEAUX à LYON par *Limoges*; de BORDEAUX à MARSEILLE, par *Toulouse*; de LYON à STRASBOURG, par *Mulhouse*.

Questions et devoirs. — 1. Que faut-il pour qu'une rivière ou un fleuve soit navigable ? — 2. La Loire est-elle toujours navigable ? — Pourquoi ? — 3. Qu'est-ce qu'un canal ? — 4. Citez les canaux qui unissent la Seine à la Loire, au Rhône, à l'Escaut. — 5. Que transportent les chemins de fer ? — 6. Par quelles villes passe-t-on en allant en chemin de fer de Calais à Nice ?

RÉSUMÉ

Les fleuves sont reliés entre eux par des canaux, qui sont des rivières creusées par les hommes.

Les chemins de fer portent les voyageurs et les marchandises. Les principales lignes françaises de chemin de fer se dirigent de Paris vers le Havre, Calais, Lille, Strasbourg, Mulhouse, Lyon et Marseille, Toulouse, Bordeaux, Nantes et Brest.

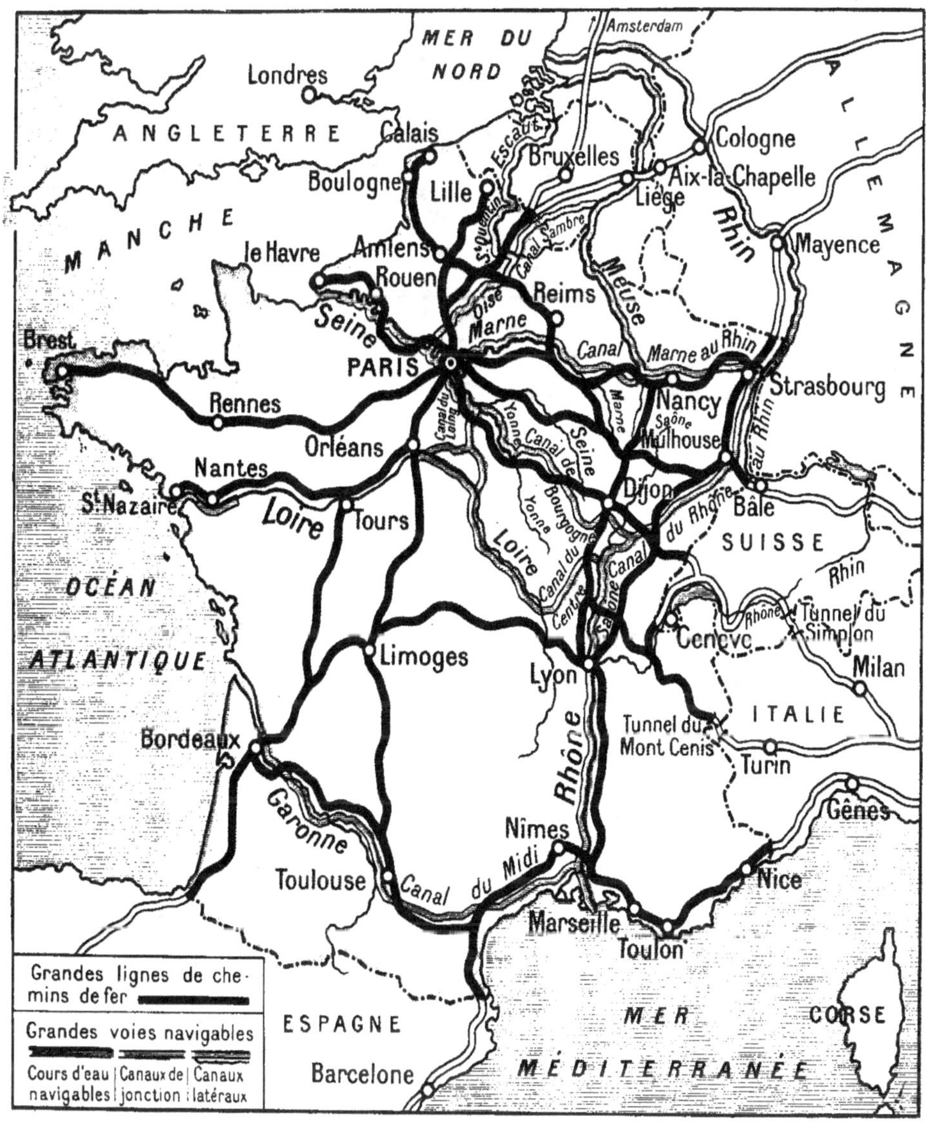

Carte 4. — La France, ses principales voies de communication : canaux et chemins de fer.
Nous avons marqué à dessein de traits pareils les canaux et les rivières qui sont navigables.

Exercices d'observation. — 1. Montrez les canaux qui relient la Seine aux fleuves voisins. — 2. Montrez les canaux qui relient le Rhône aux fleuves voisins. — 3. Quels fleuves voisins ne sont pas reliés entre eux ? — 4. De quelle ville partent les principales lignes de chemin de fer en France ? — 5. Comment va-t-on par chemin de fer de Lille à Bordeaux ? — de Bordeaux à Marseille ? — du Havre à Toulouse ? — de Strasbourg à Bordeaux ?

Fig. 52. — Une usine du Centre de la France. *(Commentry, Allier.*

Exercices d'observation. — 1. Dites tout ce que vous voyez sur cette gravure : ce qui s'élève dans le ciel, ce qui est sur le sol. — 2. Pourquoi cette image est-elle presque toute noire ? — 3. Ce pays est-il riche ? — 4. Aimeriez-vous y vivre ?

38ᵉ LEÇON. — La France agricole.

En France les hommes se livrent à des travaux divers suivant les régions.

Les gens de la plaine cultivent le **blé** dans le *Nord*, dans la *Brie*, dans la *Beauce*, dans la vallée de la *Garonne;* la **betterave à sucre** dans le *Nord;* ils soignent la **vigne** dans le *Midi*, dans le *Bordelais*, en *Bourgogne* et en *Champagne;* ils plantent des pommiers à cidre en *Normandie* et en *Bretagne;* ils cultivent le houblon, avec lequel on fabrique la bière, en *Lorraine* et en *Alsace;* ils élèvent des **bestiaux** dans les pays de vertes prairies : *Normandie, Bretagne, Massif Central.*

Dans la montagne les habitants exploitent les arbres des forêts ou font paître leurs troupeaux.

Au bord de la mer on pêche les poissons, on tire le sel des marais salants.

Les occupations des Français ressemblent beaucoup à celles des habitants des autres pays tempérés.

Questions et devoirs. — 1. Que font les gens de la plaine ? — 2. Où cultive-t-on surtout le blé ? — 3. Quelles sont les régions qui produisent du vin ? — 4. Que font les gens de la montagne ? — 5. Que font les habitants des bords de la mer ? — 6. Dans quels pays boit-on surtout du cidre ? — de la bière ?

RÉSUMÉ

En France on cultive le blé dans le Nord, dans la Beauce, dans la Brie, dans la vallée de la Garonne, la vigne dans le Midi, dans le Bordelais, en Bourgogne, en Champagne; on élève des bestiaux en Normandie, en Bretagne et dans le Massif Central.

Dans la montagne on exploite les forêts et les pâturages.

Les habitants des côtes vivent des produits de la mer.

39ᵉ LEÇON. — La France industrielle.

Du sol de la France on extrait : la **pierre**, pour construire des maisons, la **houille**, que l'on trouve dans le *Nord* et le *Pas-de-Calais*, surtout à *Anzin* et à *Lens*, et autour du *Massif Central;* le **fer**, que l'on trouve dans la *Lorraine*, à *Briey*, à *Thionville*, etc., ainsi qu'en *Normandie*.

On transforme le blé en farine dans de grands moulins modernes installés un peu partout, mais surtout à *Corbeil*, entre la *Brie* et la *Beauce*, et à *Toulouse*. Les sucreries sont presque toutes installées dans la région du *Nord*.

Dans le nord de la France, et surtout à *Lille*, on tisse le lin pour en faire de la toile; à *Roubaix* on fabrique des lainages; à *Rouen* et à *Mulhouse* on tisse le coton qui provient d'une plante poussant dans des pays plus chauds que le nôtre; à *Lyon* et à *Saint-Étienne* on tisse la soie. *Le Creusot*, *Lille* et la région du *Nord*, *Nancy* et la *région lorraine* travaillent le fer et fabriquent des machines. On construit des navires dans les plus grands ports.

Paris, ne l'oublions pas, est aussi une très importante ville industrielle.

Questions et devoirs. — 1. Où trouve-t-on le charbon de terre en France ? — 2. Où trouve-t-on le fer ? — 3. Où écrase-t-on le blé ? — 4. Où trouve-t-on les sucreries ? — 5. Où fabrique-t-on la toile ? — les lainages ? — les cotonnades ? — les étoffes de soie ? — 6. Où travaille-t-on le fer ? — 7. Où construit-on les navires ?

RÉSUMÉ

En France on trouve la houille dans la région du Nord (Anzin, Lens) et autour du Massif Central; le fer en Lorraine et en Normandie.

On tisse le lin à Lille, la laine à Roubaix, le coton à Rouen et à Mulhouse, la soie à Lyon et à Saint-Étienne.

Paris est une grande ville industrielle.

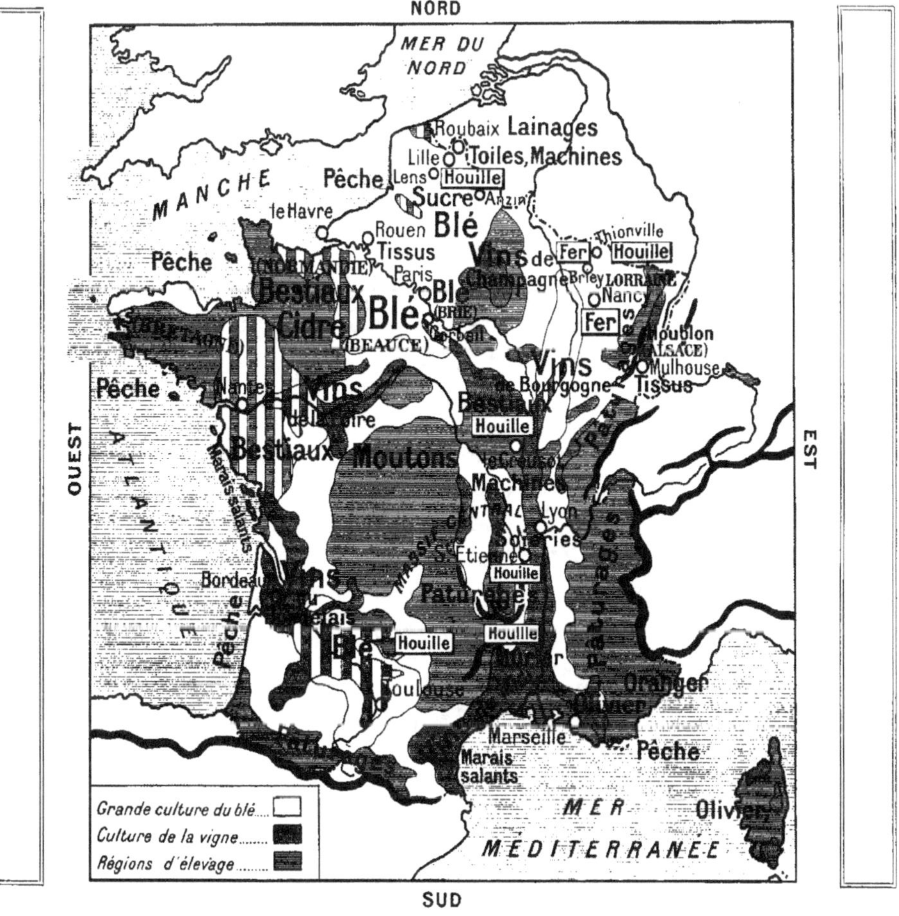

Carte 5. — La France et ses principales productions.

Exercices d'observation. — 1. Citez les pays à vin. — 2. Où cultive-t-on le blé ? — 3. Que trouve-t-on dans la montagne ? — 4. Où extrait-on la houille ? — 5. Nommez quelques grandes villes industrielles et dites ce qu'on y fait. — 6. Où trouve-t-on surtout le fer ? — 7. Y a-t-il des régions de France où il y a peu d'industrie ? — Lesquelles ? — 8. Que leur manque-t-il ?

La France est toujours la douce France, la terre charmante. l'honneur de la zone tempérée, où nulle part ailleurs ne sont mieux distribuées la chaleur du soleil et la pluie ; c'est le verger des fruits, le cellier des vins, un véritable grenier d'abondance.

Onésime Reclus.

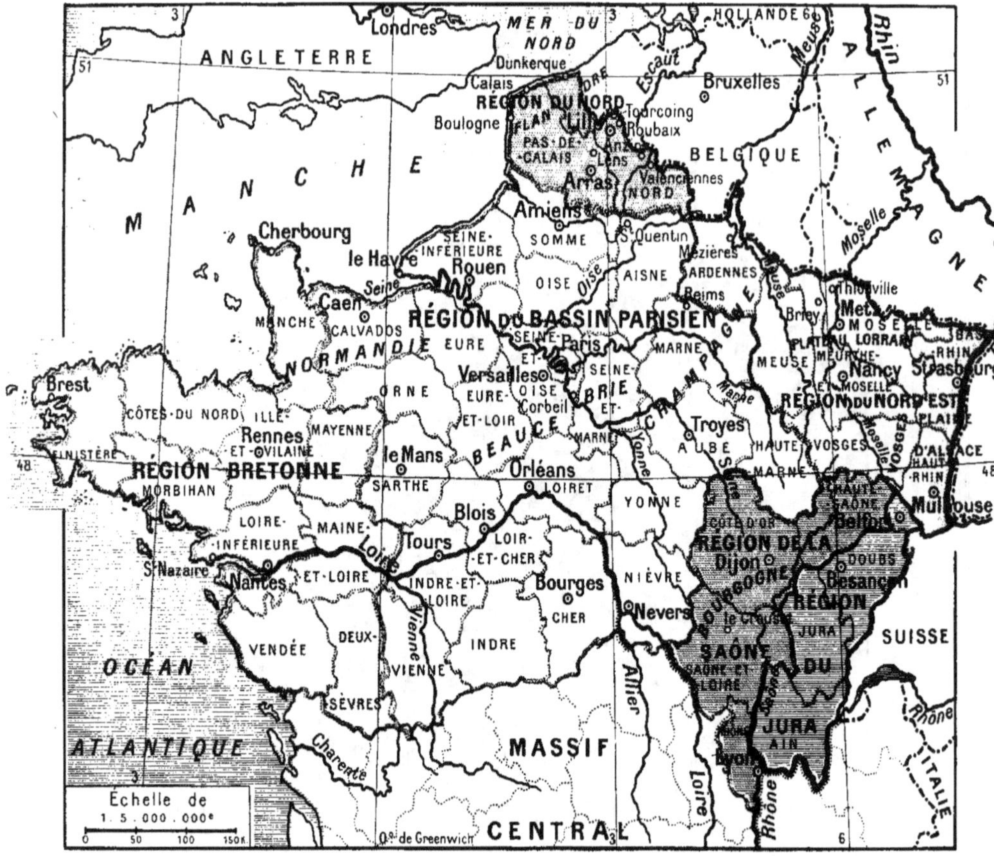

Carte 6. — France régionale : les principales régions de la moitié septentrionale de la France.

Exercices d'observation. — 1. Citez les principales villes de la région du Nord. — 2. Quelles rivières arrosent le Bassin Parisien ? — 3. Quelles villes arrosent-elles ? — 4. Quels sont les principaux ports de la mer du Nord et de la Manche ?

40ᵉ LEÇON. — Les régions de la France : La région du Nord.

Plusieurs pays dont le *relief*, le *climat* et les *ressources* sont à peu près les mêmes forment une *région*. La France peut être divisée en onze régions naturelles.

La région du Nord, la moins étendue des régions françaises, est la plus riche et la plus peuplée. C'est une région plate, où les voies de communication (canaux et chemins de fer) ont été établis avec facilité. C'est une région très riche, à la fois agricole, industrielle, maritime et commerçante.

Dans les plaines fertiles les cultures sont très variées : blé, betterave, lin, chanvre. Les prairies de la côte nourrissent des chevaux et des bœufs. Les charbonnages d'*Anzin*, de *Valenciennes* et de *Lens*, les plus importants de France, ont favorisé le développement d'usines où l'on fabrique des tissus, des machines, où l'on extrait le sucre des betteraves.

Les principales villes sont : *Lille, Roubaix* et *Tourcoing*, centres industriels de premier ordre, *Dunkerque, Calais* et *Boulogne*, ports très actifs.

Questions et devoirs. — 1. Qu'a permis le faible relief de la région du Nord ? — 2. Où trouve-t-on la houille ? — 3. Qu'a favorisé la présence de mines de houille ? — 4. Citez les ports de cette région.

RÉSUMÉ

La région du Nord est à la fois agricole, industrielle, maritime et commerçante. Le pays plat a permis l'établissement de nombreuses voies de communication. On trouve la houille à Anzin et à Lens. Les principales villes sont : Lille, Roubaix et Tourcoing, centres industriels, Dunkerque, Calais et Boulogne, ports très actifs.

41ᵉ LEÇON. — Le Bassin Parisien.

Le **Bassin Parisien** est une vaste région de plaines et d'harmonieux plateaux qui va de la *Bretagne* aux *Vosges*, de la *plaine de Flandre* au *Massif Central*. Il est arrosé par des cours d'eau généralement paisibles comme la Seine, l'Oise, la Marne, qui convergent vers *Paris*, et des cours d'eau plus irréguliers, comme l'Yonne et la Loire, laquelle traverse le sud du bassin.

L'agriculture y est très prospère. On cultive la betterave dans le *nord du bassin*, le blé dans la *Brie* et la *Beauce*. Les cultures maraîchères ont pris une grande extension autour de *Paris*. La *Normandie* est une région d'élevage couverte de pâturages et de pommiers. Il y a de très célèbres vignobles en *Champagne*.

La houille est toute proche sur la bordure nord de la région, et grâce à la facilité des communications les centres industriels sont nombreux. On fabrique des cotonnades à *Rouen, Saint-Quentin, Troyes*, des velours à *Amiens*, etc. On travaille le fer au *Havre* et dans la *banlieue parisienne*. Les industries de luxe (ameublement, modes, bijoux, etc.) sont concentrées à *Paris*.

Les principales villes sont : *Paris, Amiens, Reims, Troyes, Versailles;* et dans les plaines de la Loire : *Orléans, Tours, Le Mans;* dans la partie maritime les ports du *Havre* et de *Rouen*.

Questions et devoirs. — 1. Où est situé le Bassin Parisien? — 2. Quelles sont ses productions agricoles? — 3. Pourquoi l'industrie a-t-elle pu se développer? — 4. Citez les centres industriels de la région. — 5. Les principaux ports.

RÉSUMÉ

Le Bassin Parisien est arrosé par la Seine et ses affluents et par la Loire. Son centre est Paris où convergent les rivières. La région est surtout agricole : elle produit du blé : Brie, Beauce; des vins : Champagne. Elle a aussi de grands ports : Rouen, le Havre; de grosses villes d'industrie : Paris, Rouen, Reims.

42ᵉ LEÇON. — Région du Nord-est.

La **région du Nord-est** comprend le *plateau lorrain, les Vosges et la plaine d'Alsace* ainsi qu'une petite partie de l'*Ardenne*. Ses eaux vont dans la mer du Nord.

Le bassin houiller de la *Sarre*, le minerai de fer de *Lorraine* (*Briey* et *Thionville*) ont fait de la région du Nord-est une région industrielle. On travaille le coton dans les *Vosges* et à *Mulhouse*.

L'*Alsace* est une riche plaine agricole. Elle a des gisements de potasse.

Les villes importantes sont : *Strasbourg, Mulhouse, Nancy* et *Metz*.

Questions et devoirs. — 1. Quelles sont les différentes parties du Nord-est? — 2. Que trouve-t-on dans son sol? — 3. Quelles sont ses principales villes?

RÉSUMÉ

La région du Nord-est est industrielle en Lorraine, où le fer est en abondance, et agricole en Alsace. Les grandes villes sont Strasbourg, Mulhouse, Nancy et Metz.

43ᵉ LEÇON. — Région du Jura.

Le **Jura** est une région de montagnes peu élevées, aux hivers longs, aux étés courts et chauds.

Le *Jura* est une région agricole de montagnes, avec des pâturages et des forêts. Les habitants y élèvent le gros bétail et fabriquent du fromage (gruyère). *Besançon* est renommé pour son horlogerie. *Belfort* est au centre d'une région très industrielle.

Questions et devoirs. — 1. Quel est le climat du Jura? — 2. Que produit la région?

RÉSUMÉ

Le Jura, région montagneuse, comprend des forêts et des pâturages. C'est aussi une région industrielle, avec Besançon et Belfort

44ᵉ LEÇON. — Vallée de la Saône.

La **vallée de la Saône** est arrosée par la Saône, calme et navigable. Les ressources agricoles sont très importantes. Les coteaux sont plantés de vignes qui donnent les vins estimés de *Bourgogne*. Les céréales (blé, maïs) sont cultivées dans les plaines. L'industrie y est développée : la métallurgie au *Creusot*, la soierie dans la région de *Lyon*. Les grandes villes de la région sont *Lyon* et *Dijon*.

Questions et devoirs. — 1. Que produit la région de la vallée de la Saône? — 2. Où l'industrie est-elle développée? — 3. Quelles sont les principales villes?

RÉSUMÉ

La plaine de la Saône forme un long couloir entre le Massif Central et le Jura. Les principales productions de cette région sont : les vignobles de Bourgogne, les céréales de la vallée de la Saône. Le Creusot est un des plus grands centres métallurgiques du monde; Lyon fabrique les soieries.

45ᵉ LEÇON. — Région Bretonne.

La **région Bretonne** s'avance en presqu'île dans l'Océan. Le climat est doux et humide. Sur la côte la vie maritime est très active. On y trouve de nombreux ports de pêche. Le port de *Nantes*, sur la Loire, a de nombreuses usines (conserves alimentaires, biscuits, constructions de bateaux). Les villes importantes sont les ports de *Brest, Saint-Nazaire* et *Nantes*. Dans tout l'intérieur de la Bretagne, la vie agricole est en très prospère développement : *Rennes*, la capitale de la Bretagne, est au centre de régions riches.

Questions et devoirs. — 1. Que savez-vous du climat et du sol de la région? — 2. De quoi vivent les populations? — 3. Quelles sont les villes de la région?

RÉSUMÉ

La région Bretonne, au climat doux, est très peuplée et très active. Les principales villes sont les ports de Brest et Nantes, et Rennes à l'intérieur.

46ᵉ LEÇON. — Région de la plaine de la Garonne.

La **plaine de la Garonne** est limitée par le Massif Central et les Pyrénées. Son climat est humide et chaud.

C'est un pays agricole. Le *Bordelais*, l'*Armagnac* et les *Charentes* sont plantés de vignobles qui produisent des vins et des eaux-de-vie célèbres. La vallée de la *Garonne* produit du blé et du maïs. Les *Landes* sont plantées de pins maritimes ; — les vallées d'arbres fruitiers. L'industrie y est rare. Mais *Toulouse* a des minoteries, *Angoulême* fabrique du papier et les rives de la Gironde se peuplent de nouvelles industries. *Bordeaux*, sur la Garonne, est le grand port de toute la région.

Questions et devoirs. — 1. Comment est limité le bassin de la Garonne ? — 2. Quels sont les produits agricoles de la région ? — 3. Pourquoi l'industrie ne s'y est-elle que peu développée ? — 4. Citez un grand port.

RÉSUMÉ

La région de la Garonne est une grande plaine agricole, célèbre surtout par ses vignobles du Bordelais. Les deux plus grands centres sont Bordeaux, la ville maritime, et Toulouse.

47ᵉ LEÇON. — Région des Pyrénées.

Les **Pyrénées** séparent la France de l'Espagne. Les communications entre les deux pays y sont très difficiles, car les cols y sont élevés.

La *région des Pyrénées* est une région agricole de montagnes : on s'y livre à l'élevage du cheval dans la région de *Tarbes*.

Le pays est riche en marbre et en fer ; il abonde en eaux minérales et thermales.

Les villes y sont assez nombreuses, mais petites.

Questions et devoirs. — 1. Où se trouvent les Pyrénées ? — 2. Quelles sont les ressources de la région ?

RÉSUMÉ

Les Pyrénées séparent la France de l'Espagne. La région est un pays d'élevage : les eaux minérales contribuent à sa richesse.

48ᵉ LEÇON. — Région méditérranéenne.

Cette région est déterminée par le climat des bords de la *Méditerranée* : chaud et sec en été, doux en hiver. C'est aussi le pays du mistral, vent violent qui souffle du nord dans la vallée du Rhône.

On distingue nettement deux parties dans cette région : 1° un pays maritime, la *Provence*, aux côtes rocheuses et découpées ; 2° un pays de vignes, le *Bas-Languedoc*, aux côtes basses, bordées d'étangs.

En *Provence* on cultive l'olivier, les arbres à fruits d'or : orangers et citronniers, ainsi que les fleurs. Le *Bas-Languedoc* n'a qu'une richesse agricole : la vigne.

L'industrie s'est concentrée à *Marseille* (huileries, savonneries), à *Grasse* (parfumerie), à *Toulon* et dans la région de *Nîmes* (mines de houille, usines).

Les grandes villes de la région sont les ports de *Marseille*, *Toulon*, *Nice*, et les places de commerce de *Nîmes* et *Montpellier*.

Nice et tous les sites de ce rivage admirable (qu'on appelle la *Côte d'Azur*) attirent durant l'hiver des Français et des étrangers par milliers. La **Corse**, « l'île de beauté, » avec ses villes d'*Ajaccio* et de *Bastia*, a les caractères de la région méditerranéenne.

Questions et devoirs. — 1. Que savez-vous du climat de la région méditerranéenne ? — 2. Quelles parties faut-il y distinguer ? — 3. Quelles sont les productions agricoles de la région ? — 4. Quelles sont les productions industrielles ?

RÉSUMÉ

La région méditerranéenne est surtout agricole et commerçante. La vigne croît dans le Bas-Languedoc ; l'olivier et l'oranger dans la Provence. Les principales villes sont : Marseille, notre premier port de commerce, Toulon, Nice, Nîmes et Montpellier.

49ᵉ LEÇON. — Région des Alpes.

La **région des Alpes**, au climat rude, est un pays de hautes montagnes peu peuplées. Ayant de plus hauts sommets que les Pyrénées, les Alpes permettent pourtant des communications plus faciles avec l'Italie ; car leurs vallées profondes aboutissent à des cols moins élevés et plus praticables.

Les Alpes, trop déboisées, sont un pays d'élevage et tendent à devenir de plus en plus une région industrielle.

L'industrie, utilisant la force motrice des cours d'eau à pente rapide, s'y développe de plus en plus brillamment, (fig. 27, p. 13). La ville la plus importante de la région est *Grenoble*, dans la vallée de l'Isère.

Questions et devoirs. — 1. Pourquoi les communications sont-elles plus faciles avec l'Italie qu'avec l'Espagne ? — 2. Que savez-vous de l'agriculture et de l'industrie de la région ? — 3. Quelle en est la principale ville ?

RÉSUMÉ

La région des Alpes est peu peuplée, en raison de son caractère montagneux et de son rude climat. L'utilisation de la force motrice des torrents, ou houille blanche, permet le développement de l'industrie. Grenoble est la grande ville de la région.

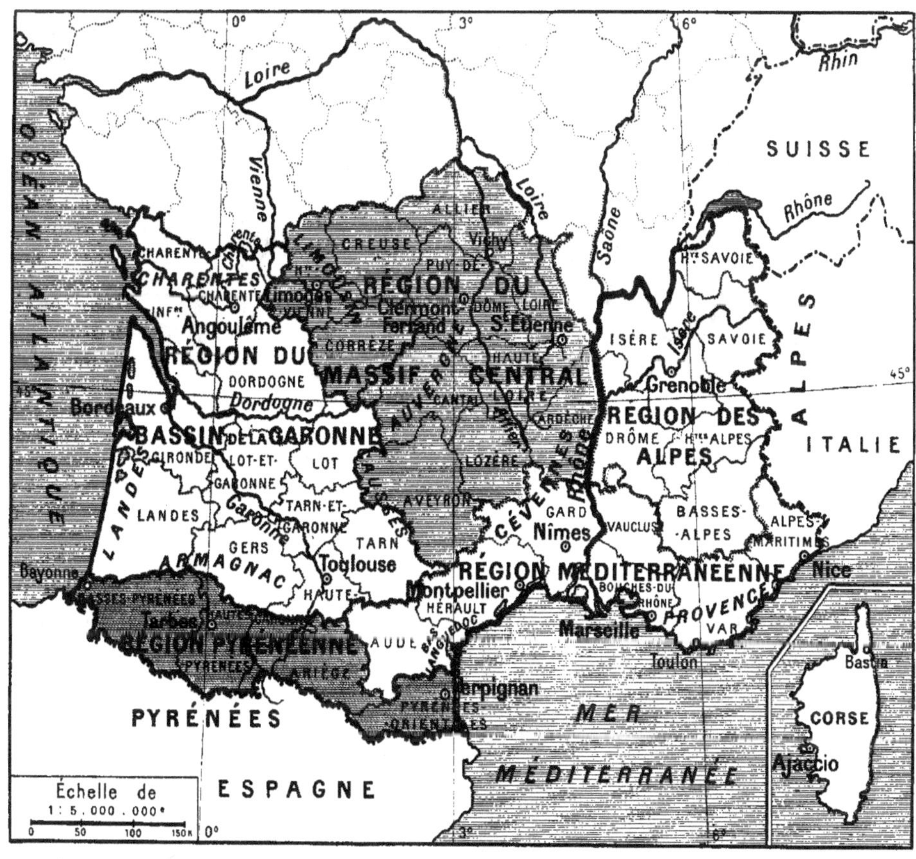

Carte 7. — France régionale : moitié méridionale de la France.

Exercices d'observation. — 1. Quels sont et où se dirigent les cours d'eau qui viennent du Massif Central ? — 2. Quelles sont les principales villes du Massif Central ? — 3. Qu'est-ce qui caractérise la région pyrénéenne ? — la région alpestre ? — 4. Quels sont les principaux ports de la mer Méditerranée ? — 5. Quelles sont les principales villes de la Corse ?

50ᵉ LEÇON. — Région du Massif Central.

Le **Massif Central**, région montagneuse, a été contourné longtemps par les grandes voies naturelles qui unissaient la Manche et l'Océan Atlantique à la Méditerranée. Le *Massif Central* a des rivières abondantes qui alimentent la Loire, la Garonne, le Rhône ; son climat est rude.

A l'intérieur, c'est surtout une région de pâturages. On élève des bœufs en *Auvergne* et dans le *Limousin*, des moutons dans les *Causses*.

La présence de la houille en plusieurs points du *Massif Central* a fait naître la grande industrie. La région de *Saint-Étienne* fabrique des machines, des armes et des rubans de soie, *Limoges* fabrique la porcelaine, *Clermont-Ferrand* travaille le caoutchouc. Les eaux minérales de *Vichy* sont célèbres. Les principales villes sont : *Saint-Étienne*, *Limoges* et *Clermont-Ferrand*, capitale de l'Auvergne.

Questions et devoirs. — 1. Pourquoi dit-on que le Massif Central est un centre de dispersion des eaux ? — 2. Qu'y élève-t-on ? — 3. Quelles en sont les principales villes et quelle est leur industrie ?

RÉSUMÉ

La région montagneuse du Massif Central a un climat très rude : l'élevage y est prospère. La houille a favorisé le développement industriel de Saint-Étienne (armes et machines, rubans de soie), de Limoges (porcelaine), de Clermont-Ferrand (industrie du caoutchouc).

Fig. 53. — Village nègre. (*Sur les bords du Niger.*)

Exercices d'observation. — 1. Qu'est-ce qui vous frappe le plus sur cette figure ? — 2. Décrivez les maisons, — les végétaux. — 3. Savez-vous le nom de ces végétaux ? — 4. Comment sont habillés les habitants de ce village ? — 5. Que font-ils ? — 6. Est-ce que le village que vous connaissez le mieux ressemble à celui-ci ?

51ᵉ LEÇON. — La terre et ses divisions.

Sur le globe, il y a de grandes masses d'eau et de vastes étendues de terre. Les eaux occupent trois fois plus de place que les terres.

Les vastes étendues de terre forment cinq parties, qu'on appelle les *cinq parties du monde*. Ce sont : l'EUROPE, l'ASIE, l'AFRIQUE, l'AMÉRIQUE et l'OCÉANIE.

On pourrait à la rigueur aller d'Europe en Asie et en Afrique sans traverser les mers : ces trois parties du monde forment un *continent :* l'ANCIEN CONTINENT. L'Amérique forme aussi un continent : le NOUVEAU CONTINENT, ainsi appelé parce qu'il n'a été découvert, par Christophe Colomb, qu'en 1492. — L'Océanie est formée d'un grand nombre d'îles.

Les étendues d'eau sont appelées des *océans*. L'OCÉAN ATLANTIQUE se trouve entre l'Europe, l'Afrique et l'Amérique. L'OCÉAN PACIFIQUE, le plus grand de tous, se trouve entre l'Asie, l'Océanie et l'Amérique. L'OCÉAN INDIEN se trouve au sud de l'Asie. Les deux *Océans* du nord et du sud sont froids et recouverts de glace en toute saison : l'OCÉAN GLACIAL DU NORD occupe toute la région du pôle nord. L'OCÉAN GLACIAL DU SUD entoure un continent très élevé qui occupe toute la région du pôle sud.

Questions et devoirs. — 1. Qu'y a-t-il sur le globe ? — 2. Quelles sont les cinq parties du monde ? — 3. Combien y a-t-il de continents ? — 4. Comment appelle-t-on le continent américain ? — Pourquoi ? — 5. Quelles sont les parties du monde que baigne l'Océan Pacifique ? — 6. Que savez-vous de l'Océan glacial du Nord ? — de l'Océan glacial du Sud ?

RÉSUMÉ

Les cinq parties du monde sont : l'Europe, l'Asie, l'Afrique, l'Amérique et l'Océanie. Les cinq grands océans sont : l'Océan Atlantique, l'Océan Pacifique, l'Océan Indien, l'Océan glacial du Nord, l'Océan glacial du Sud.

52ᵉ LEÇON. — Les races humaines.

Les peuples de la terre forment trois grandes *familles* ou *races*, qui se distinguent surtout par la couleur de la peau.

La RACE BLANCHE, qui habite l'Europe, l'ouest et tout le sud-ouest de l'Asie, ainsi que le nord de l'Afrique, est caractérisée par la peau blanchâtre faiblement colorée en rose, la barbe abondante, le front large, les yeux fendus horizontalement.

La RACE JAUNE a la peau jaunâtre, les cheveux noirs et durs, la barbe très rare, les yeux fendus obliquement. Elle habite dans l'est et le sud-est de l'Asie, la Chine, le Japon, l'Indochine.

La RACE NOIRE habite le centre et le sud de l'Afrique, et subsiste encore en Australie. Beaucoup de noirs ont été transportés en Amérique comme esclaves : leurs descendants y sont aujourd'hui très nombreux. Les nègres ont la peau noire et luisante, les lèvres épaisses et le nez écrasé, les cheveux crépus, frisant comme de la laine.

Il existe encore une autre race : la RACE ROUGE, qui a la peau cuivrée, les cheveux longs, le front étroit. Cette race n'est plus représentée qu'en Amérique par les Peaux-Rouges.

Questions et devoirs. — 1. Quelles sont les principales races d'hommes ? — 2. Quel est l'aspect d'un Chinois ou d'un Japonais ? — 3. Où habite la race blanche ? — la race jaune ? — la race noire ? — 4. Qu'est-ce qui caractérise la race rouge ?

RÉSUMÉ

Les principales races d'hommes sont : la race blanche, qui habite l'Europe, l'ouest et le sud-ouest de l'Asie, le nord de l'Afrique ; la race jaune, qui habite l'est de l'Asie ; la race noire, qui habite surtout l'Afrique ; la race rouge, représentée par quelques groupes en Amérique.

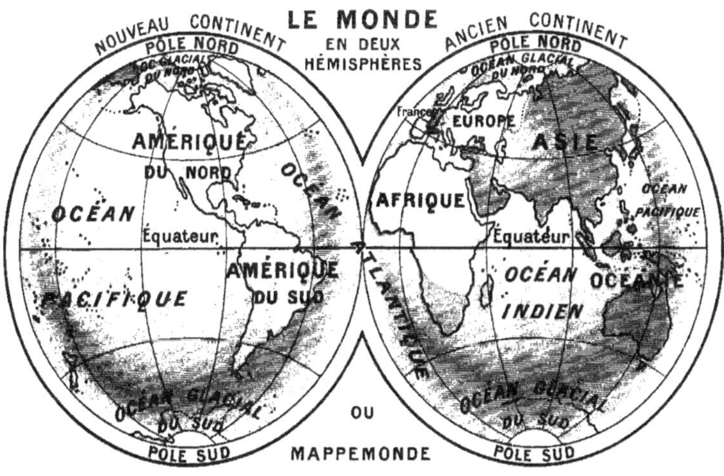

Carte 8. — Le monde : les terres et les océans.

Exercices d'observation. — 1. Sur cette carte qui représente la surface de toute notre planète, y a-t-il plus d'eau que de terre? — 2. Lisez les noms des cinq parties du monde. — 3. Dans quelle partie du monde vivons-nous? — 4. Lisez les noms des océans. — 5. Où se trouve l'équateur sur la carte? — sur le globe terrestre? — 6. Où se trouvent les pôles sur la carte? — sur le globe? — 7. Comment appelle-t-on les océans voisins des pôles? — 8. Pourquoi les appelle-t-on ainsi? — 9. Quels océans et quelles parties du monde traverse l'équateur?

Fig. 54. — Race blanche.

Fig. 55. — Race noire.

Fig. 56. — Race jaune.

Fig. 57. — Race rouge.

Exercices d'observation. — 1. Décrivez le premier personnage. — 2. Décrivez l'aspect du nègre. — 3. Comment sont les yeux et les cheveux du troisième personnage? — 4. Comment est-il vêtu? — 5. Comment vous apparaît le quatrième personnage?

Fig. 58. — L'un des monuments les plus caractéristiques de Londres, la ville la plus peuplée de l'Europe
(7 millions et demi d'habitants, en y comprenant toutes les banlieues) : Le Parlement qui est bâti sur le bord de la Tamise.

53ᵉ LEÇON. — L'Europe.

L'**Europe**, habitée par les *Européens*, est dix-huit fois plus grande que la France. Elle va se rétrécissant vers l'ouest, bordée d'îles et profondément découpée par l'*Océan Atlantique* et la mer *Méditerranée*, qui communiquent par le *détroit de Gibraltar*.

Une plaine immense couvre la Russie, et s'étend jusqu'à la Belgique ; elle se continue et s'achève par les plaines du nord de la France. Les principales montagnes de l'Europe sont, au nord, les ALPES SCANDINAVES ; au sud-est, le CAUCASE, qui sépare l'Europe de l'Asie ; au centre, les ALPES qui dessinent une boucle admirable et ont comme suite les CARPATHES. Les trois presqu'îles du sud sont très montagneuses : les montagnes des BALKANS se rattachent aux Carpathes ; l'APENNIN de l'Italie prolonge les Alpes françaises ; les PYRÉNÉES séparent la France des hautes terres de l'Espagne.

L'Europe est arrosée par un grand nombre de fleuves. Les plus importants sont : la VOLGA, le plus long, qui traverse la Russie ; le DANUBE, qui coule au centre de l'Europe ; le RHIN, qui descend des Alpes.

Le climat de l'Europe est tempéré, c'est-à-dire ni trop froid ni trop chaud. A cause de son climat, l'Europe est une des parties du monde les plus fertiles. Le nord est le pays des grandes forêts ; le centre est le pays des céréales, des vins, des bestiaux ; le midi a les produits des climats secs et chauds : vigne, oranger, olivier, chêne-vert, etc.

On trouve de la houille et du fer en *Angleterre*, en *Allemagne*, en *Tchécoslovaquie*, en *Belgique*, en *France*, en *Espagne*. C'est dans ces contrées que l'industrie a pris le plus fort développement.

Questions et devoirs. — 1. Quels sont les détroits qui relient les mers de l'Europe. — 2. Quelles sont les productions de l'Europe ? — 3. Où se trouve la houille en Europe ?

RÉSUMÉ

L'Europe est 18 fois plus grande que la France. Les plus hautes montagnes de l'Europe sont : les Alpes, les Pyrénées, le Caucase. Les principaux fleuves sont la Volga, le Danube, le Rhin. Le climat européen est tempéré.

54ᵉ LEÇON. — Les États de l'Europe.

Les principaux États de l'Europe sont, au nord : les **Iles Britanniques**, (formées de l'*Angleterre*, de *l'Ecosse* et de *l'Irlande*), pays industriel, dont la capitale est *Londres*, la ville la plus peuplée et le premier port de l'Europe ; et les villes principales : les ports de *Glasgow* et de *Liverpool*, *Manchester*, la cité industrielle du coton, et *Birmingham*, la ville du fer ; — le **Danemark**, capitale *Copenhague ;* — la **Suède** ; — la **Norvège**.

A l'est, la **Russie**, pays agricole, dont les villes principales sont *Moscou* et *Pétrograd*.

A l'ouest : la **France**, capitale *Paris ;* — la **Suisse** ; — la **Belgique**, petit pays très industriel et très agricole, dont la capitale est *Bruxelles ;* — la **Hollande**, ville principale *Amsterdam*.

Au centre, l'**Allemagne**, capitale *Berlin*, contrée industrielle et agricole, dont le principal port est *Hambourg ;* — la **Tchécoslovaquie**, capitale *Prague ;* — la **Pologne**, capitale *Varsovie ;* l'**Autriche**, — capitale *Vienne*, et la **Hongrie**, capitale *Budapest*.

Au sud : le **Portugal** ; l'**Espagne**, capitale *Madrid*, et dont la ville la plus active est *Barcelone ;* l'**Italie**, capitale *Rome*, ville principale *Naples* près du volcan du Vésuve ; la **Yougoslavie**, capitale *Belgrade ;* la **Roumanie**, capitale *Bucarest ;* la **Bulgarie** ; la **Grèce** ; et la **Turquie**, qui possède *Constantinople*.

Questions et devoirs. — 1. De quels pays se composent les Iles Britanniques ? — 2. Quelles en sont les principales villes ? — 3. Quels sont les autres États du nord de l'Europe ? — 4. de l'ouest ? — 5. du centre ? — 6. du sud ? — 7. Comment appelle-t-on leurs habitants ? — 8. Indiquez les capitales.

RÉSUMÉ

Les principaux États de l'Europe sont la France, capitale Paris ; l'Angleterre, capitale Londres ; l'Italie, capitale Rome ; l'Espagne, la Suisse, la Belgique la Russie, l'Allemagne, la Tchécoslovaquie, la Pologne, l'Autriche, la Yougoslavie, et la Roumanie.

Carte 9 et Fig. 59 — L'Europe. Au bas de la carte, les drapeaux des principaux États de l'Europe.

Exercices d'observation. — 1. Où se trouve la France? — 2. Citez les grandes contrées de l'Europe qui touchent à la France. — 3. L'Angleterre touche-t-elle à la France? — 4. Quelles sont les principales villes de l'Angleterre? — 5. Nommez la grande contrée de l'est. — 6. Quels sont les États qui baignent la mer Méditerranée? — 7. Quels sont les trois grands fleuves de l'Europe? — Quels pays arrosent-ils? — Où vont-ils jeter leurs eaux? — 8. Montrez les Alpes; — les Pyrénées; — les monts Carpathes; — le Caucase. — 9. Que représente la figure 59? — 10. Montrez sur la carte les puissances dont les drapeaux sont représentés.

Fig. 60. — Un paysage du Japon, avec un grand volcan dans une île.

Exercices d'observation. — 1. Comparez ces maisons à celles de votre village. — 2. Montrez le volcan. — 3. Pourquoi le sommet est-il sans végétation.

55ᵉ LEÇON. — L'Asie

L'**Asie**, la plus grande des cinq parties du monde, est plus de quatre fois grande comme l'Europe. La population appartient à la race blanche à l'ouest et dans l'Inde, à la race jaune à l'est.

Au centre, se dressent de très hauts plateaux bordés par les monts HIMALAYA, les plus élevés du globe. Certains sommets des monts Himalaya ont presque deux fois la hauteur du Mont Blanc dans les Alpes. Une grande plaine s'étend au nord et à l'est, couvrant la *Sibérie* et une partie de la *Chine*.

Les principaux fleuves de l'Asie sont : le FLEUVE JAUNE, le FLEUVE BLEU, le MÉKONG et le GANGE.

On cultive, dans le sud et l'est de l'Asie : le riz, la principale nourriture des jaunes; le blé, le thé, le coton, la canne à sucre et le mûrier.

On élève dans l'est des vers à soie.

Les ressources minières (houille et fer) sont très importantes dans l'est de l'Asie (*Chine* et *Japon*).

Fig. 61. — Indochine française : un village du Haut-Tonkin.

Aussi la grande industrie, qui s'est développée avec rapidité au *Japon*, commence-t-elle à naître et à se développer en *Chine* et dans l'*Inde*.

Les principaux États de l'Asie sont : la **Sibérie,** le pays du froid; — la **Chine,** capitale *Pékin*, villes principales : *Chang-haï, Canton, Hong-Kong* (qui appartient à l'Angleterre) : la fertilité est extraordinaire dans les vallées des grands fleuves (fleuve Bleu et fleuve Jaune); — le **Japon**, capitale *Tokyo*, ville principale, *Osaka*, groupe d'îles volcaniques boisées et fertiles, fréquemment agitées par les tremblements de terre; — l'**Inde,** une des régions les plus riches du monde, dont les villes principales *Calcutta* et *Bombay*, ports très importants. L'Inde appartient aux Anglais.

La *France* possède en **Asie** cinq villes de l'**Inde**, dont *Pondichéry* est la principale, et un très riche territoire, l'**Indochine française**, qui comprend : le **Tonkin**, très peuplé, capitale *Hanoï;* l'**Annam**, le **Laos**, le **Cambodge** et la **Cochinchine**, colonie française, capitale *Saïgon*, avec sa ville voisine très commerçante, *Cholon*. Le climat est chaud et humide; les Européens le supportent assez difficilement mais s'y acclimatent. — L'**Indochine française** produit et exporte du riz, des épices, on y extrait du charbon. Ses nombreuses forêts renferment des bois recherchés.

Questions et devoirs. — 1. Quelle est la principale chaîne de montagnes de l'Asie? — 2. Quelles sont les productions de l'Asie? — 3. Quelles sont les principales villes de la Chine? — 4. Que savez-vous du Japon? — de l'Inde? — 5. Que possède la France en Asie? — 6. Quelles sont les différents pays qui constituent l'Indochine française? — 7. Que possède l'Angleterre en Asie?

RÉSUMÉ

L'Asie est la plus grande des cinq parties du monde. Les principaux États de l'Asie sont : la Chine, capitale Pékin; le Japon, capitale Tokyo; l'Inde anglaise, avec Calcutta et Bombay; l'Indochine française, capitale Hanoï.

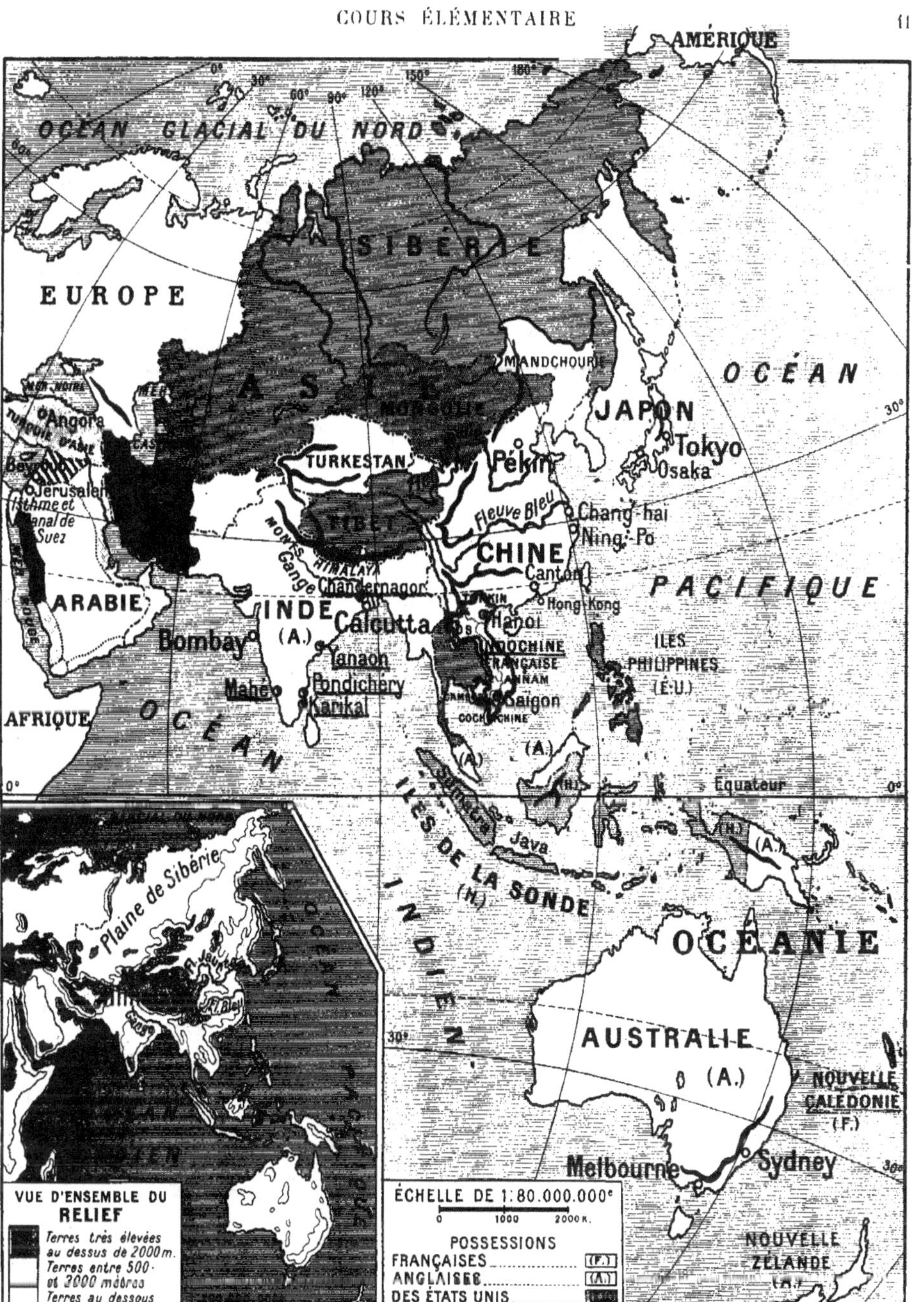

Carte 10. — L'Asie et l'Océanie.

Exercices d'observation. — 1. Quels océans ou mers entourent l'Asie? — 2. Quels sont les grands fleuves de l'Asie? — 3. Quels États arrosent-ils? — 4. Montrez les principaux États. — 5. Montrez l'Australie. — 6. Nommez d'autres îles de l'Océanie.

Fig. 62. — Alger, souvent appelée Alger-la-Blanche.

Exercices d'observation. — 1. Que voyez-vous en avant sur cette figure ? — 2. Sur quelle mer se trouve Alger ? — 3. Pourquoi l'appelle-t-on Alger-la-Blanche ? — 4. Comment sont les toits des maisons ? — 5. Pourquoi sont-ils ainsi ? — 6. Montrez un quai. — 7. Comment sont habillés les gens qui sont sur ce quai ?

56ᵉ LEÇON. — L'Afrique.

L'**Afrique** est reliée à l'Asie par l'*isthme de Suez*. Le *canal de Suez*, creusé au travers de l'isthme par un Français, Ferdinand de Lesseps, permet aux navires de passer de la Méditerranée dans la *mer Rouge* et l'*Océan Indien*. L'Afrique est séparée de l'Europe par la mer *Méditerranée*, mais elle s'en rapproche au *détroit de Gibraltar*.

L'Afrique est un immense plateau bordé de montagnes, comprenant : un espace stérile, très étendu, qui s'appelle le désert du *Sahara*.

Les fleuves de l'Afrique ont leur cours souvent interrompu par des chutes ou des cataractes ; ils ne peuvent être que partiellement utilisés pour la navigation. Les principaux sont : le NIL, le plus long fleuve du globe, le NIGER et le CONGO.

L'Afrique, trois fois plus étendue que l'Europe, n'a même pas tout à fait un tiers de sa population ! De vastes régions de l'Afrique ne peuvent être, en effet, habitées en raison du climat qui est ou trop sec, ou trop chaud et trop humide.

Presque toute l'Afrique appartient aux Européens. La France possède en Afrique : l'**Algérie**, la **Tunisie**, le **Maroc**, dans le nord ; l'**Afrique occidentale française**, l'**Afrique équatoriale française**, la grande île de **Madagascar**.

Le **Maroc**, l'**Algérie**, la **Tunisie** sont traversés par les chaînes de montagnes de l'ATLAS ; entre ces chaînes se trouve en Algérie une région de hauts plateaux. — Le climat est chaud et sec. On y cultive le blé, la vigne, les arbres fruitiers dans la région du *Tell*, entre la mer et les montagnes. On y élève des moutons dans la région des *Hauts-Plateaux*. Dans les montagnes, le sous-sol est riche en fer et en phosphates. Mais le manque de houille ralentit le développement de l'industrie. — Les villes principales sont : *Alger*, la capitale de l'**Al-**

gérie, grand port sur la Méditerranée, et le port d'*Oran* ; *Tunis*, capitale de la **Tunisie** ; *Casablanca, Rabat, Fez* et *Marrakech* au **Maroc**.

L'**Afrique occidentale française**, dont la ville principale est *Dakar*, et l'**Afrique équatoriale française**, beaucoup moins peuplée, produisent surtout du caoutchouc et l'arachide, avec laquelle on fait de l'huile.

Madagascar, la grande île de l'*Océan Indien*, aussi grande que la France, produit du riz, du café, de la canne à sucre et élève des bœufs. La principale ville est *Tananarive*. Non loin de *Madagascar*, la France possède l'*île* volcanique et fertile de la **Réunion**, où tout le monde parle français. — L'Angleterre possède, en Afrique, la colonie du **Cap**, capitale le *Cap*, riche en mines d'or et de diamants. — L'**Egypte**, capitale *Le Caire*, arrosée par le *Nil*, qui par ses inondations lui donne sa fertilité, est aujourd'hui un Etat indépendant. — La Belgique possède le **Congo belge**, arrosé par le fleuve *Congo*.

Questions et devoirs. — 1. Quel isthme relie l'Asie à l'Afrique ? — 2. Par qui fut-il creusé ? — 3. Quels sont les principaux fleuves de l'Afrique ? — 4. Pourquoi ces fleuves ne sont-ils pas favorables à la navigation ? — 5. Quelles sont les possessions de la France en Afrique ? — 6. Quelles sont les productions de l'Algérie, de la Tunisie et du Maroc ? — 7. Quelles sont les principales villes de ces pays ? — 8. Que savez-vous de Madagascar ?

RÉSUMÉ

L'Afrique, trois fois plus grande que l'Europe, appartient presque entière aux Européens. La France possède en Afrique : l'Algérie, capitale Alger ; la Tunisie, capitale Tunis ; le Maroc, l'Afrique occidentale française, l'Afrique équatoriale française et la grande île de Madagascar. L'Égypte, capitale Le Caire, est indépendante. La colonie du Cap appartient à l'Angleterre.

Carte 11. — L'Afrique.

Exercices d'observation. — 1. Quels océans ou mers baignent l'Afrique ? — 2. Quels sont les grands fleuves de l'Afrique ? — 3. Quels États arrosent-ils ? — 4. Montrez le détroit de Gibraltar. — Quelles mers unit-il ? — 5. Montrez un golfe ; — un cap ; — une île. — 6. Énumérez les principaux États de l'Afrique. — 7. Nommez les principales villes de l'Afrique ; — les principaux ports. — 8. Qu'est-ce qui sépare la France de l'Algérie ?

Fig. 63. — Le port et les très hautes maisons (dites *gratte-ciel*) de New-York, la ville qui est maintenant devenue la plus peuplée du monde entier. (8 millions et demi d'hab., en y comprenant toutes les banlieues.)

Exercices d'observation. — 1. Comptez le nombre des étages de la maison qui se trouve au centre de cette gravure. — 2. Calculez sa hauteur approximative. — 4. Imaginez le nombre de gens qui peuvent demeurer dans une pareille maison. — 4. Aimeriez-vous y vivre? — 5. Préférez-vous votre petite ville ou votre village?

57ᵉ LEÇON. — L'Amérique.

L'**Amérique** est quatre fois grande comme l'Europe. Elle est formée de deux parties : L'AMÉRIQUE DU NORD et l'AMÉRIQUE DU SUD, reliées par l'*isthme de Panama*. On a creusé à travers cet isthme un canal, qui fait communiquer l'Océan Atlantique et l'Océan Pacifique.

Une longue chaîne de montagnes traverse l'Amérique du nord au sud. Cette chaîne porte le nom de MONTAGNES ROCHEUSES dans l'Amérique du Nord, et de CORDILLÈRE DES ANDES dans l'Amérique du Sud.

Les principaux fleuves sont : le MISSISSIPI, aux très longs affluents, et le SAINT-LAURENT, déversoir des grands lacs américains, dans l'Amérique du Nord ; — l'AMAZONE, le fleuve le plus abondant de la terre, dans l'Amérique du Sud.

Dans l'Amérique du Nord se trouvent : les **États-Unis**, au premier rang dans le monde pour la culture des céréales, du coton, du tabac, pour l'élevage des bêtes à cornes, pour la production de la houille, du pétrole et du fer, ainsi que du sel et du papier. La capitale est *Washington;* et les principales villes : *New-York*, la ville la plus peuplée du monde, *Chicago, Philadelphie ;* — le **Canada**, capitale *Ottawa*, qui est un État faisant partie de l'Empire britannique, mais où une grande partie de la population parle fidèlement la langue française: *Montréal* et *Québec* sont deux grandes villes de langue française ; — enfin le **Mexique.**

Dans l'Amérique du Sud on trouve : le **Brésil**, capitale : *Rio de Janeiro*, pays producteur de caoutchouc et de café, et la **République Argentine,** capitale *Buenos-Ayres*, pays d'élevage. Les deux Amériques sont reliées l'une à l'autre par le groupe d'îles des **Antilles**, dont l'île la plus importante est **Cuba**, et par les États de l'Amérique Centrale.

La France, possède aux Antilles la **Guadeloupe** et la **Martinique**, dans l'Amérique du Sud la **Guyane Française**, enfin au nord les îlots **Saint-Pierre et Miquelon** près de la grande île anglaise de **Terre-Neuve**, où nos pêcheurs vont pêcher la morue.

Questions et devoirs. — 1. Montrez la principale chaîne de montagnes de l'Amérique. — 2. Comment appelle-t-on l'isthme qui relie les deux Amériques? — 3. Quels sont les principaux fleuves de l'Amérique? — 4. Quels sont les principaux États de l'Amérique du Nord? — 5. Dites ce que vous savez des États-Unis. — 6. Quels sont les principaux États de l'Amérique du Sud?

RÉSUMÉ

Les principaux États de l'Amérique sont : les États-Unis, capitale Washington, ville principale : New-York ; le Canada, avec les villes d'Ottawa, de Montréal, et de Québec ; le Mexique ; le Brésil, capitale Rio de Janeiro ; la République Argentine, capitale Buenos-Ayres.

58ᵉ LEÇON. — L'Océanie.

L'**Océanie** (voir carte 10, p. 41) est formée par un grand nombre d'îles disséminées dans l'Océan Pacifique.

La plus grande est l'**Australie,** pays producteur de laine, qui fait partie de l'Empire britannique et dont les villes principales sont *Sydney* et *Melbourne*.

La France possède en Océanie la **Nouvelle-Calédonie**, dont le sous-sol est riche en nickel, et les délicieuses *Iles de la Société*, avec **Tahiti.**

Questions et devoirs. — 1. Qu'appelle-t-on Océanie? — 2. Quelle est la plus grande île? — 3. Quels animaux élève-t-on surtout en Australie? — 4. Quelles sont les principales villes de l'Australie? — 5. Que possède la France en Océanie?

RÉSUMÉ

L'Océanie est formée par un grand nombre d'îles situées dans l'Océan Pacifique. L'Australie, qui appartient à l'Empire britannique, est la plus grande de ces îles.

Carte 12. — L'Amérique.

Exercices d'observation. — 1. Quels océans baignent l'Amérique? — 2. Quels États sont arrosés par les grands fleuves américains? — 3. Montrez les principaux États américains. — 4. Nommez les principales villes de l'Amérique, — les principaux ports. — 5. Nommez les principales îles.

59ᵉ LEÇON. — La vie dans la région équatoriale.

La zone équatoriale comprend une importante partie de l'*Afrique*, les îles et presqu'îles du *Sud* de l'*Asie*, une partie de l'*Amérique du Sud* et la région des *Antilles* ; elle est caractérisée par une température très élevée et une humidité permanente. Aussi la végétation y est-elle continue et puissante. Dans l'épaisse forêt vierge, l'on n'avance qu'avec difficulté : les plantes se développent avec une rapidité extrême et atteignent des dimensions colossales ; les lianes s'entremêlent aux arbres qui sont parfois d'une grosseur prodigieuse ; on a pu dire : « chaque arbre est une petite forêt. »

Les hommes fuient cette végétation luxuriante ; ils ne peuvent vivre qu'en brûlant la forêt et en y faisant ainsi des clairières.

La vie est dure dans un tel milieu et décourage de l'effort. En Afrique, par exemple, le nègre se contente de gratter le sol pour y déposer quelque semence ; il cueille les fruits du cocotier, de l'arbre à pain, de l'arbre à beurre, du palmier à huile ; au jour le jour, selon ses besoins, il chasse dans la forêt giboyeuse ou pêche dans les grands fleuves poissonneux (*Congo, Nil, Niger*) ; quelquefois il mange son semblable. Il doit sans cesse veiller et lutter contre les animaux, très gros ou très dangereux, qui vivent autour de lui (tigres, rhinocéros, hippopotames, etc.).

RÉSUMÉ

La région équatoriale est très chaude et très humide. La végétation y est luxuriante. Les hommes de ces régions vivent péniblement et sont en général peu civilisés.

60ᵉ LEÇON. — La vie dans les régions désertiques.

Ce qui fait le désert, c'est le manque de pluie. On rencontre de grands déserts sur les plateaux de l'Asie centrale et dans les plaines qui les bordent au Nord, dans l'Arabie, dans une grande partie de l'Afrique, de l'Égypte à l'Océan Atlantique (*Sahara*), dans les parties centrales de l'Afrique du Sud, au milieu des montagnes qui sont à l'ouest des États-Unis.

Le désert n'est pas forcément plat, comme on l'a cru longtemps ; il est accidenté de plateaux et même de hautes montagnes.

Il n'est pas stérile par lui-même : l'eau lui donnerait la fertilité. La riche vallée du *Nil*, les oasis du *Sahara*, où, à l'ombre des palmiers-dattiers, on cultive des céréales et des légumes, en sont la preuve. A travers le désert, les communications, à cause des sables ou des rocs très âpres, sont difficiles.

Dans ce milieu sec, quelques plantes spéciales vivent disséminées ; leur feuillage est épineux et peu abondant ; une de leurs parties est charnue et recouverte d'une enveloppe dure.

Si l'on veut aller des régions équatoriales vers les déserts, on doit traverser des régions intermédiaires : savanes plantées d'arbres et steppes aux hautes herbes.

Les habitants des régions désertiques mènent le plus souvent une vie de grands pasteurs avec des troupeaux de chevaux, de moutons et de chameaux : ils sont *nomades*, campent sous la tente, poussent leurs troupeaux devant eux à la recherche des pâturages. Dans les oasis, ils se livrent à l'agriculture et sont *sédentaires*.

RÉSUMÉ

Les pays désertiques manquent d'eau. Les plantes y poussent difficilement. Les hommes y vivent en nomades. Dans les oasis la végétation est abondante et les hommes y vivent en sédentaires.

61ᵉ LEÇON. — La vie dans les régions polaires.

Le climat des régions polaires est très froid. L'été, qui succède à la si rigoureuse nuit hivernale et pendant lequel l'insolation est continue sans crépuscule et sans nuit, ne dure que 2 ou 3 mois. Le climat explique l'aspect du pays. Tout y est gelé : le sol et la mer sont couverts de glace et de neige. A proximité des zones tempérées on rencontre des glaces flottantes qui, à mesure que l'on avance vers les pôles, se soudent en une masse immense appelée banquise. Les régions polaires s'étendent autour de chacun des deux pôles et comprennent le *nord* de l'*Asie*, de l'*Europe*, de l'*Amérique* ainsi que tout le vaste continent qui est au pôle Sud.

La végétation y est rare. Sous ce climat rude les plantes sont réduites à de petites dimensions ; déjà à l'extrême nord de l'Europe, les bouleaux n'atteignent pas 30 centimètres ; partout ce ne sont que mousses, lichens, saules et bouleaux nains. Cela ressemble à la végétation des très hautes montagnes.

Les terres polaires sont presque inhabitées sur les côtes de l'Asie, de l'Europe et de l'Amérique. Les très rares habitants de ces côtes sont les *Lapons* et les *Esquimaux*, de petite taille, qui mènent une vie nomade et misérable. Ils chassent et pêchent pour se nourrir ; quelques-uns élèvent le renne ; ils vivent de poisson salé ou de tranches de phoque et sont logés dans des huttes basses et enfumées ; ils sont vêtus d'épais vêtements de peaux de phoque ou de renne.

RÉSUMÉ

Les terres polaires sont des déserts de glace. Les plantes y sont petites et rares. Les habitants ont à faire de grands efforts pour se nourrir et se préserver du froid.

Fig. 64. — Un aspect de la région équatoriale. *(Presqu'île de Malacca.)*

Fig. 65. — Un désert. *(Sahara Sud-Algérien.)*

Fig. 66. — Une oasis du Sahara. *(Biskra.)*

Fig. 67. — La région polaire.

Exercices d'observation. — 1. Que représente la figure 64? — 2. Dites ce que vous y voyez. — 3. Parlez de la figure 65 (animal et personnage). — 4. Indiquez ce que vous voyez sur la figure 66. — 5. Comment vous apparaissent les arbres? — 6. Comment est vêtu le personnage de la figure 67? — 7. Comment appelle-t-on sa voiture? Qu'a-t-elle de particulier? Quel animal la traîne? — 8. Quels autres animaux voyez-vous? — 9. Où est le navire? Peut-il naviguer facilement? — 10. Comparez la première gravure avec la dernière (animaux et plantes).

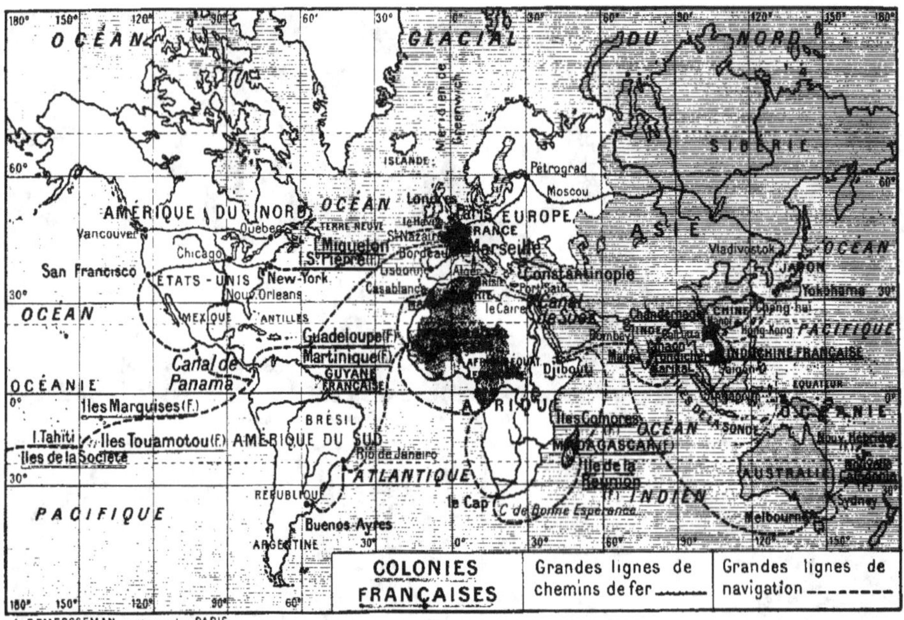

Carte 13. — La France dans le monde.

62° LEÇON. — La France dans le monde.

Grâce à son climat, à la fertilité de son sol, au travail de ses habitants, la France a des richesses agricoles abondantes et variées. Ses industries lui permettent de tenir un bon rang parmi les nations industrielles. Plusieurs des objets qu'elle fabrique ont une telle qualité et un tel renom de bon goût qu'ils sont recherchés dans le monde entier. C'est à ce titre surtout que la France transporte, ou, comme l'on dit, *exporte* au loin ses produits.

Nous achetons au contraire à l'étranger, ou, comme l'on dit, nous *importons* les produits que nous possédons en quantité insuffisante ou qui nous manquent. Des *États-Unis*, de la *République Argentine* nous viennent du blé et de la viande; des *Antilles* et du *Brésil*, le sucre de canne, le café, le cacao; des *régions équatoriales*, les graines à huile. — Nous achetons des bois en *Norvège*, de la houille à l'*Angleterre*, à la *Belgique*, à l'*Allemagne*. du pétrole aux *États-Unis* et à la *Roumanie*; le coton est importé des *États-Unis*, de l'*Égypte* et de l'*Inde*: la laine, de l'*Australie* et de la *République Argentine*; les peaux, de la *République Argentine*; le caoutchouc, des *régions équatoriales*.

La France s'efforce d'être reliée par ses propres compagnies de navigation, c'est-à-dire par des bateaux construits en France, montés par des marins français et portant son pavillon tricolore, aux principales régions de la terre et tout spécialement à ses colonies. De MARSEILLE, les paquebots français mettent 26 heures pour atteindre *Alger*: 22 jours pour atteindre *Madagascar* par le canal de Suez ; 25 jours pour arriver à *Saïgon*; 38 jours pour toucher la *Nouvelle-Calédonie*. — BORDEAUX est en relation avec le *Maroc*, avec l'*Afrique Occidentale française*, et aussi avec l'*Amérique du Sud*. — De SAINT-NAZAIRE, on compte 20 jours pour atteindre les *Antilles*. — Du HAVRE partent les magnifiques transatlantiques, le *Paris*, la *France*, qui en moins de 7 jours parviennent à *New-York*.

Remarque. — *Il serait bon de faire apprendre par cœur, dès les premiers mois de l'année, la leçon qui suit : tout est à retenir.*

CONCLUSION. — La France et chacun de nous.

La France n'est pas le pays le plus vaste, le plus riche, le plus puissant du monde. Pourtant, agrandie par l'héroïsme victorieux de ses enfants, elle est, depuis la dernière guerre, l'État *le plus étendu* de toute l'Europe occidentale et centrale; la Russie seule en Europe a une superficie supérieure à la sienne. Nous ne devons pas oublier que sa population devrait la maintenir au même rang; or l'Allemagne, même réduite par le traité de Versailles, a 20 millions d'habitants de plus qu'elle : c'est là un gros danger pour notre pays.

Telle qu'elle est aujourd'hui, la France est peuplée de 40 millions d'habitants. Avec les territoires qu'elle possède et gouverne dans les autres parties du monde, elle est en vérité *une nation de 100 millions d'habitants*. Si elle utilisait mieux les richesses de ses colonies, si elle possédait une marine nombreuse et puissante qui la mît en relations avec elles, la France pourrait presque se suffire à elle-même

L'Angleterre est la seule puissance dont l'Empire colonial est encore plus étendu et plus peuplé que celui de la France. *La France vient au second rang* ; et les Français sont de plus en plus reconnus par les esprits sages de toutes les nations comme étant meilleurs colonisateurs que les Anglais eux-mêmes, parce qu'ils s'efforcent davantage de comprendre et d'aimer les indigènes.

Voyez-vous, mes amis, la France, ce n'est pas seulement un territoire privilégié marqué en couleur rose sur cette carte : c'est encore, c'est surtout le peuple qui l'habite. La France, c'est nous tous, qui devons rester fidèles à ses plus nobles traditions, qui avons le devoir de continuer l'œuvre de nos ancêtres et de nos aînés, de ne jamais être inférieurs à la renommée que, durant de longs siècles de gloire et de travail, ils ont faite à la France.

Chacun de vous, enfants, porte un peu de la France avec lui: bien mieux, *il est une parcelle de la France*. Il *doit* partout la faire respecter et aimer; et, sentant quel honneur est le sien d'appartenir à une telle patrie. il *doit* en tous ses actes la respecter lui-même et la servir.

TABLE DES MATIÈRES

TABLE DES FIGURES

TABLE DES CARTES

39877. — Tours, impr. Mame.